U0901909

将就的是日子，讲究的才是生活。

生活
需要仪式感

shenghuo
xuyao
yishigan

连山 / 编著

图书在版编目（CIP）数据

生活需要仪式感 / 连山编著 . -- 长春 : 吉林文史出版社 , 2018.11（2021.12重印）

ISBN 978-7-5472-5763-0

Ⅰ. ①生… Ⅱ. ①连… Ⅲ. ①生活方式－通俗读物 Ⅳ. ①C913.3-49

中国版本图书馆 CIP 数据核字（2018）第 263814 号

生活需要仪式感

出 版 人　张　强

编　　著　连　山

责任编辑　弭　兰

封面设计　韩立强

封面供图　摄图网

出版发行　吉林文史出版社有限责任公司

地　　址　长春市净月区福祉大路5788号出版大厦

印　　刷　天津海德伟业印务有限公司

开　　本　880mm × 1230mm　　1/32

印　　张　6

字　　数　120千

版　　次　2018年11月第1版

版　　次　2021年12月第3次印刷

书　　号　978-7-5472-5763-0

定　　价　32.00元

前言

PREFACE

我们生活在一个复杂而忙碌的世界里，在这个世界里生活节奏日益加快，生活内容也随之不断变换。那么，在这种环境下，你有没有发现自己的生活不由自主地进入了困境：

没有时间去想生活中自己最想要的究竟是什么。

对自己的工作过于投入，经常把工作带回家去做。

自己的金钱总是不知所踪，并且还被金钱“牵着鼻子走”。

无法平息你的家庭冲突，家庭危机时时袭来。

觉得周围的人际关系充满了虚伪和冷漠，在人群中找不到认同感和归属感。

总是为情感所累，在情感的困境里无法自拔。

很容易陷入一种习惯性的忧虑和沮丧情绪之中。

容易疲劳，免疫力下降，身体缺乏活力。

……

我们每个人都希望自己过得更好，希望家庭更幸福、工作更顺利以及与别人相处得更愉快。但是，生活中常常会出现这样的情况：某个人并不是没有体贴入微地对待伴侣，并不是没有认真负责地对待工作，也并不是没有真心诚意地对待家人或朋友，然而他得到的是伴侣关系不和谐、工作中错误百出以及人际关系一团糟。

如果是这样，那么说明你的生活缺乏仪式感。

什么是仪式感？仪式感不是矫情，不是做作，而是一种生活的态度，这种态度，会让你活得更高级。《小王子》里说：仪式感就是使某一天与其他日子不同，使某一时刻与其他时刻不同！仪式感不仅能丰富人的生活、改变人的生活态度，甚至还会影响人的一生。只有多一些仪式感，我们的生活才能更美满、幸福，我们才能更好、更有质量地生活。为每一个普通的日子和行为赋予仪式感，标定它背后的精神内涵，你收获的将是惊喜、浪漫、幸运和精彩。仪式感能让你真切地感觉到，自己是在享受生活，而不仅仅是麻木地活着。你为此付出的一切，将给你带来额外的满足感、安全感、存在感和归属感。

生活将会怎样，完全取决于我们自己。请不要只做生命之船的过客，而要做操纵方向的船长，学会掌控自己的生活，让生活平稳而积极地朝着我们选择的方向前进。让生活多一些仪式感，生活才会变得轻松与惬意，人生也才会更有价值和意义。

目录
CONTENTS

第三章　对未来的期待，让我们把自己折腾成想要的样子

第四章　让躁动的生命懂得庄重，让泛滥的情感学会矜持

第一章

仪式感，就是把将就的日子过成讲究的生活

shenghuo
xuyao
yishigan

仪式感不是轰轰烈烈，而是让平淡的生活有味道

一对老夫妇年轻时谈恋爱的时间是 1967 年 1 月，当时百姓生活艰难。

那时候，粮店里的米与副食店里的肉、豆腐和百货店里的肥皂、布匹，以及煤铺里的煤等生活物资均要凭票供应，普通人家的生活清苦至极。男方的家在城郊的小菜园里，用现在的话来说，那里是当地的蔬菜基地。

女孩第一次“访地方”（当地将女方到男方家里去了解情况称为“访地方”）时，男方留她和媒婆吃午饭。菜很简单，只有两道：几个荷包蛋外加一碗萝卜丝。其中，那几个鸡蛋是向邻居借的，萝卜则是自己种的。

在回家的路上，媒婆说男方人穷又小气，劝漂亮的女孩不要嫁过来。女孩却说男方煮的萝卜丝很好吃，说明他很能干。

过了一段时间，当女孩一个人再次来找男孩时，男孩刚好捉了一些鲫鱼。招待女孩的菜仍然是两道，除了油煎鲫鱼外，还有一碗红烧萝卜。吃饭时，女孩称赞男孩的萝卜做得很有特色，并说自己很喜欢吃萝卜。男孩说：“是吗？你下次来我请你吃另一种

口味的萝卜。”在后来的来往中，女孩尝尽了男孩所做的不同口味的萝卜：清炒萝卜、清炖萝卜、白焖萝卜、糖醋萝卜、麻辣萝卜、萝卜干和酸萝卜，等等。

再后来，女孩就成了这些萝卜的俘虏，嫁给了男孩。

当有人质问老太太当时为何不嫁给那些有条件煮肉、炖鸽、杀鸡、烧鱼的男人，却嫁给只会烹饪萝卜的男孩时，老太太说：“当时我认为，一个男人在那种清贫的日子里竟能够把一种普通的萝卜烹饪出几种不同的味道而令我大饱口福、弥久难忘，我想他同样能够将清贫的日子调理得色彩斑斓。谈婚论嫁，既要注重眼前，更要注重将来。这不，如今我和他结婚已三十多年了，你看我们吵了几次架？更不像某些同龄人那样动不动就闹离婚。我们虽然日子过得平淡了一点儿，但平淡中更能见真情！”

很多人对“平淡”有一定的误解，觉得“平淡的生活”就是清淡和贫苦，是受罪的代名词。其实不然，老太太说得不错，作为普通人，我们的生活虽然平淡，但只要做一个有心人，带着仪式感去认真生活，就能让平淡的日子也变得幸福。可能我们自己也知道，并不是奢华的东西才能让我们感觉到精神上的富有，也并不是大房子和汽车才能够充盈我们的心灵。有时候，一顿简单的晚餐，一句简单的问候，一张简单的卡片，或者一首简单而又甜美的小诗，就能够满足我们的内心，让我们感受到生活的幸福。

生活，不需要很奢华，拥有一颗对生活认真的心却可以恰到好处地诠释幸福。

仪式感贵在平常，波澜不惊，生死不畏，于无声处听惊雷，仪式感是一种超脱眼前得失的清静心、光明心。贫贱不能移，富贵不能淫，威武不能屈。安贫乐富，富亦有道。无论处于何种环境下，都能拥有认真的心，那一定是个了不起的人，就如老太太所赞美的，能在清贫的日子里把一种普通的萝卜烹饪出几种不同的味道，不是个圣人，也是个贤人。只要我们努力，就能够以平常心去对待纷杂的世事和漫长的人生，至少也能够做到以平常心跨越人生的障碍。所以仪式感，看似平常，实不平常。当你用一颗认真的心去对待生活时，你就会发现：真情，就在你身边。

用简单的方式，过充盈的生活

住在田边的蚂蚱对住在路边的蚂蚱说：“你这里太危险，搬来跟我住吧！”路边的蚂蚱说：“我已经习惯了，懒得搬了。”几天后，田边的蚂蚱去探望路边的蚂蚱，却发现它已被车子轧死了。

——原来掌握命运的方法很简单，远离懒惰就可以了。

一只小鸡破壳而出的时候，刚好有只乌龟经过，从此以后，小鸡就打算背着蛋壳过一生。它受了很多苦，直到有一天，它遇到了一只大公鸡。

——原来摆脱沉重的负荷很简单，寻求名师指点就可以了。

一个孩子对母亲说:“妈妈你今天好漂亮!”母亲问:“为什么?”孩子说:“因为妈妈今天一天都没有生气。”

——原来要拥有漂亮很简单,只要不生气就可以了。

一位农夫,叫他的孩子每天在田地里辛勤工作,朋友对他说:“你不需要让孩子如此辛苦,农作物一样会长得很好的。”农夫回答说:“我不是在培养农作物,我是在培养我的孩子。”

——原来培养孩子很简单,让他吃点儿苦头就可以了。

有一家商店经常灯火通明,有人问:“你们店里到底是用什么牌子的灯管?那么耐用。”店家回答说:“我们的灯管也常常坏,只是我们坏了就换而已。”

——原来保持明亮的方法很简单,只要常常换掉坏的灯管就可以了。

有一支淘金队伍在沙漠中行走,大家都步伐沉重,痛苦不堪,只有一人快乐地走着,别人问:“你为何如此惬意?”他笑着说:“因为我带的东西最少。”

——原来快乐很简单,只要放弃多余的包袱就可以了。当代作家刘心武曾说:“在五光十色的现代世界中,应该记住这样古老的真理:活得简单才能活得自由。”

简单是一种美,是一种朴实且散发着灵魂香味的美。

简单不是粗陋,不是做作,而是一种真正的大彻大悟之后的升华。

用过电脑的朋友都知道,在系统中安装的应用软件越多,电脑运行的速度就越慢，并且在电脑运行的过程中，还会有大量的垃圾文件、错误信息不断产生，若不及时清理掉，不仅会影响电脑的运行速度，还会造成死机甚至整个系统的瘫痪。所以必须定期地删除多余的软件，清理掉那些无用的垃圾文件，这样才能保证电脑的正常运转。

我们的生活和电脑系统的情况十分类似，现代人的生活过得太复杂了，到处都充斥着金钱、功名、利欲的角逐，到处都充斥着新奇和时髦的事物。被这样复杂的生活所牵扯，我们能不疲惫吗？如果你想过一种幸福快乐的生活，就不能背负太多不必要的包袱，要学会删繁就简。托尔斯泰笔下的安娜·卡列尼娜以一袭简洁的黑长裙在华贵的晚宴上亮相，惊艳无比，令周遭的妖娆"粉黛"颜色尽失。所以去除烦躁与复杂，恢复对生活的本真，才能让我们的人生释放最美丽的光彩。

美国哲学家梭罗有一句名言感人至深："简单点儿，再简单点儿！奢侈与舒适的生活，实际上妨碍了人类的进步。"他发现，当他生活上的需要简化到最低限度时，生活反而更加充实。因为他已经无须为了满足那些不必要的欲望而使心神分散。

简单地做人，简单地生活，想想也没什么不好。金钱、功名、出人头地、飞黄腾达，当然是一种人生。但能在灯红酒绿、推杯换盏、斤斤计较、欲望和诱惑之外，不依附权势，不贪求金钱，心静如水，无怨无争，拥有一份简单的生活，不也是一种很惬意的人生吗？毕竟，你用不着挖空心思去追逐名利，用不着留意别人看你的眼神，没有锁链的心灵，快乐而自由，随心所欲，想哭就哭，想笑就笑，虽不能活得出人头地、风风光光，但这又有什么关系呢？

生活最基本的仪式就是每天都注意自己的穿戴和服饰

如果你的穿戴端庄得体，身边的人对你的反应也会大不一样。

我们知道只有“今天”才是我们所能够真实把握的，因此对于“今天”，我们应该有足够的重视。而重视“今天”最基本的表现就是，你应该每天都注意自己的穿戴和服饰。

生活中那些处理问题游刃有余的成功人士，无一例外地时刻保持着清醒的头脑和充分的理智。他们能够认清自己的生活轨道和自身的行为，知道自己该做些什么，该向什么方向前进。如果你也想让自己的生活不仅是一些偶然发生的事情的集合，而是充满了刺激的挑战，是一种内涵丰富的、充满回报的体验，那么你就必须做到时时清醒。怎样才能做到这一点呢？你应该在每天起床的时候就告诉自己，这一天是一个十分重要的日子。因此，你有必要让自己看起来更能引起别人的好感，你应该认真地沐浴、洗漱、刮脸，然后穿上时髦、干净、漂亮的衣服，使自己浑身上下散发出怡人的香味，就像是去参加一个宴会或者一个面试一样。如果你能把自己的每一个“今天”都当作一个重要的日子，并注意自己的衣着打扮，那么你的每一天也会变得具有重大意义。

那些在生活中表现得游刃有余的成功人士，他们关于衣着的最佳建议可以概括为一句话：“衣着得体，但不需要昂贵。”是的，朴素的衣着同样能散发出迷人的魅力，现在市面上有大量物美价廉的衣服，大多数人都能从中挑选到适合自己的好衣服。为什么不让自己穿着更得体一点儿呢？要知道注意自己的仪表，注意干净和整洁，身边的人也会对你有积极的反应，你也会因此而获得尊严、力量和魅力，赢得别人的尊敬和钦佩，甚至在事业上获得更大的成功。

赫伯特·乌里兰曾经是一位普通的路段工人，在短短的一段时间内，他不可思议地被提升为纽约市铁路局董事。很多人不了解他的成功秘诀，认为他必定得到了贵人相助。实际上，注意仪表的习惯才是他获得成功的重要因素。在一次关于如何获取成功的演说中，他说道：“穿戴服饰不能造就一个人，但是它能帮助人找到一份好工作。所以，如果你手中仅剩25美元，还必须找一份工作以解决温饱，那么，你应该花20美元买一套衣服，花4美元买一双鞋子，剩下的钱买剃须刀、发剪、干净的领圈。然后，穿戴整齐去找工作。千万不要怀揣着钱，穿着一身破旧的西服去应聘。”

毫无疑问，穿戴服饰非常重要，我们应予以充分的重视。然而，凡事过犹不及，如果你在衣着穿戴方面过于讲究，就会流于肤浅，让人觉得华而不实。事实上，过分重视着装甚至比完全忽视更加糟糕，无论什么时候，我们都不能一心扑在衣着的研究上而忘了内心的修养和神圣的责任。另外，注重仪表也并不是让你总是穿着正式的服装。其实不必终日扣紧纽扣，把自己弄得很不舒服，只要你能够通过衣着向别人传递出积极的生活态度就足够了。

很多人认为每当周末的时候，我们就可以彻底地放松一下了。这一点本无可厚非，我们总不能让自己每时每刻都处在紧张的状态中，但是这并不意味着你可以无所顾忌地胡乱穿衣服。通常情况下，人们会选择在周末去拜访朋友或者家人，你穿着整齐大方，能够显示出你对被拜访人的尊重。谁也不会愿意看到一个不修边幅、邋里邋遢的你。不管怎么说，这条法则是针对你个人提出的，如果你能够重视自己的每一天，那么你的自尊、自信就会奇迹般地提升起来。

生活是一片百花园，苦难也芬芳

逆境也可以说是一种挫折，面对挫折时我们不要退缩，更不要埋怨挫折对你无休止的磨难，要学会用心灵打磨挫折，用热情去迎接挫折，用坚韧不拔的意志去战胜挫折。

命运是无情的，也许我们每个人都无法选择它。即使经历苦难，我们也只有默默地承受而无处躲藏，但是，很多时候，我们会发现，在经历了苦难之后，我们的心开始变得勇敢，我们的意志开始变得坚强……

有一个男孩 4 岁时由于患上了麻疹和可怕的昏厥症，使他险些丧命；儿童时期，曾经患上严重肺炎；中年时口腔疾病严重，口舌糜烂，满口疮痍，只好拔掉所有牙齿，紧接着又染上了可怕的眼疾，他几乎不能够凭视觉行走；50 岁后，相继发作的关节炎、肠道炎、喉结核等多种疾病吞噬着他的肌体；后来，他完全不能发出声音，只能由儿子凭他的口型翻译他的思想，在他 57 岁那年，他离开了人世。

他从 4 岁时便开始与苦难为伍，直到死时依然没能摆脱疾病的纠缠，但是苦难并没有使他低头，相反，他却在苦难中脱颖而出，他是怎么做的？他最终得到了什么？

他长期闭门不出，把自己禁闭起来，每天疯狂地练 10 个小时的小提琴，忘记了饥饿与死亡；在 13 岁时，他过着流浪者的生活，开始周游各地，除了身上的一把小提琴，他便一无所有。同时，他坚持学习作曲与指挥艺术，付出艰辛的精力与汗水，创作出了《随想曲》《无穷动》《女妖舞》和 6 部小提琴协奏曲及许多吉他演奏曲。

15 岁时，他成功举办了一次举世震惊的音乐会，使他一举成名。他的名声传遍英、法、德、意、奥、捷等很多国家。

帕尔玛首席提琴家罗拉听到了他的演奏惊异得从病床上跳下来，木然而立；维也纳一位听到他的琴声的人，以为是一支乐团在演奏，当得知台上是他一人的独奏时，便大叫着“他是一个魔鬼”，匆匆逃走。卢卡共和国宣布他为首席小提琴家。他就是世界超级小提琴家帕格尼尼，苦难没有打倒他，相反，他在苦难中成长为音乐界巨人。

人的天性就是敬仰强者，唾弃弱者。想得到他人的认可，自己先要变得强而有力。也许生活是有缺陷，但生活的意义却是给人们同样的机会，有信心和勇气去争取，就会战胜自身的缺陷，在生命的困顿中出人头地，找到生活的意义。

在坎坷的路途上，坚强勇敢的人捉得住机会，他们战胜了，他们存活下来了，他们就出人头地！我们每一个人都要经历磨难，我们不应该被磨难压弯了脊柱，而应做一个把苦难打倒的坚韧之人。

在弱者眼里，苦难是鞋里的细沙；而在强者眼里，苦难则是一颗华丽的珍珠。苦难让我们变得更加坚强，苦难让我们始终保持着清醒的头脑，苦难让我们知道我们所拥有的都是来之不易的，它让我们学会了对生活的感恩，学会了对生活的珍惜……

感谢苦难，感谢那曾经带给我们无限痛苦的命运女神。

内心有阳光，世界就是光明的

一样的事情，可以选择不同的态度对待。选择积极的方面，并做出积极努力，就一定会看到前方的风景。

两个小桶一同被吊在井口上。

其中一个对另一个说：“你看起来似乎闷闷不乐，有什么不愉快的事吗？”

另一个回答：“我常在想，这真是一场徒劳，没什么意思。常常是这样，装得满满地上去，又空着下来。”

第一个小桶说：“我倒不觉得如此。我一直这样想：我们空空地下来，装得满满地上去！”

很多事情，站在不同的立场，便有不同的看法，正面的想法产生积极的效果，负面的想法产生消极的效果。乐观的人，在每一个忧患中看到机会；悲观的人，在每一个机会中看到忧患。

普希金说，假如生活欺骗了你，不要忧郁，也不要愤慨。我们的心憧憬着未来，现实总是令人悲哀。一切都是暂时的，转瞬即逝，而那逝去的将变为可爱。

鲁滨逊太太这样描述她的经历：

美国庆祝陆军在北非获胜的那一天，我接到国防部送来的一封电报，我的侄儿——我最爱的一个人在战场上失踪了。过了不久，又来了一封电报，说他已经死了。

我悲伤得无以复加。在那件事发生以前，我一直觉得生命非常美好，我有一份自己喜欢的工作，并努力带大了侄儿。在我看来，他代表着美好的一切。我觉得我以前的努力，现在都有很好的收获……然而，收到了这些电报，我的整个世界都粉碎了，我觉得再也没有什么值得我活下去。我开始忽视自己的工作，忽视朋友，我抛开了一切，既冷淡又怨恨。为什么我最疼爱的侄儿会离我而去？为什么一个这么好的孩子，还没有真正开始他的生活，就死在战场上？我没有办法接受这个事实。我悲痛欲绝，决定放弃工作，离开我的家乡，把自己藏在眼泪和悔恨之中。

就在我清理桌子、准备辞职的时候，突然看到一封我已经忘了的信，从我已经死了的侄儿那里寄来的信。是几年前我母亲去世的时候，他给我写来的一封信。“当然我们都会想念她的，”那封信上说，“尤其是你。不过我知道你会撑过去的，以你个人对人生的看法，就能让你撑过去。我永远也不会忘记那些你教我的美丽的真理：不论活在哪里，不论我们分离得多么远，我永远都会记得你教我要微笑，要像一个男子汉一样承受所发生的一切。”

我把那封信读了一遍又一遍，觉得他似乎就在我的身边，正在对我说话。他好像在对我说：“你为什么不照着你教给我的办法去做呢？撑下去，不论发生什么事情，把你个人的悲伤藏在微笑底下，继续过下去。”于是，我重新开始工作。我不再对人冷淡无礼。我一再对自己说：“事情到了这个地步，我没有能力改变它，不过我能够像他所希望的那样继续活下去。”我把所有的思想和精力都用在工作上，我写信给前方的士兵——别人的儿子们。晚上，我参加成人教育班，寻找新的兴趣，结交新的朋友。朋友们都不敢相信发生在我身上的种种变化。我不再为已经永远过去的那些事悲伤，我现在每天的生活都充满了快乐，就像我侄儿要我做到的那样。

鲁滨逊太太讲完这些话，嘴角泛起一丝笑意。

你知道汽车轮胎为什么能在路上跑那么久，忍受那么多颠簸吗？起初，制造轮胎的人想制造一种轮胎，能够抗拒路上的颠簸，结果轮胎不久就被切成了碎条。然后他们又做了一种轮胎来，吸收路上新碰到的各种压力，这样的轮胎可以“接受一切”。在曲折的人生路上，如果我们也能够承受所有的挫折和颠簸，化解与消释所有的困难与不幸，我们就能够活得更长久，我们的人生之旅就会更加顺畅、更加开阔。

幸福的仪式没有固定的面孔

幸福，每个人都在寻找，但我们首先要知道幸福到底是什么。法国小说家方登纳在《幸福论》中所阐述的定义是：“幸福是人们希望永久不变的一种境界。”也就是说，如果我们的肉体与精神所处的一种境界，能使我们想，“我愿一切都如此永存下去”，或浮士德对“瞬间”所说的，“哟！留着吧，你，你是如此美妙”，那么我们无疑是幸福的。

有一则小幽默说：

一位青年学者去请教他的导师：“幸福是什么？”导师说：“幸福是一种感觉，就像甜甜的笑。”学者去问一个衣衫褴褛的乞丐，乞丐说：“幸福是所有人都向我的碗里放钱，面值越大我越幸福。”学者去问一名惯犯，惯犯说：“幸福是得到自由。”然后低声在学者耳边说，“是下次犯罪时不会被抓到。”学者又去问另一位学者，对方说：“幸福是……”他停顿了一下说，“是你的研究报告署上我的大名。”

一笑之余，我们似有所悟。关于幸福，每个人有着不一样的体验；对幸福的诠释，不同的人有不同的评点，譬如文学家、哲学家、政治家就定义不一。这取决于一个人的知识底蕴和他的思想境界。

“目送归鸿，手挥五弦；俯仰自得，游心太玄”，是魏晋名士嵇康的幸福；“人生得意须尽欢，莫使金樽空对月”、“且放白鹿青崖间，须行即骑访名山”，是“诗仙”李白的幸福；“安得广厦千万间，大庇天下寒士俱欢颜”，是“诗圣”杜甫的幸福。

法国大思想家卢梭曾说：“人间最大的幸福莫如既有爱情又清白无瑕。”一代伟人林肯认为，对于大多数人来说，他们认定自己有多幸福；就有多幸福。“乐圣”贝多芬呐喊：“我的艺术应当只为贫苦的人造福。啊，多么幸福的时刻啊！当我能接近这地步时，我该多么幸福啊！”俄国作家屠格涅夫告诫我们：“你想成为幸福的人吗？但愿你首先学会吃得起苦。”美国前总统罗斯福表示，幸福不在于拥有金钱，而在于获得成就时的喜悦以及产生创造力的激情；英国剧作家肖伯纳强调，“醉心于某种癖好的人是幸福的”、“正像我们无权只享受财富而不创造财富一样，我们也无权只享受幸福而不创造幸福”。

幸福不止这些。呻吟的病人说健康就是幸福，风烛残年的老人说活着就是幸福，顽皮的孩子说得到一件心爱的玩具就是幸福，流浪街头的盲人说有家就是幸福，苦读的学子说金榜题名就是幸福，失恋的青年说被人爱着就是幸福……

在不少人眼里，金钱、成功就等于幸福。事实果真如此吗？一项权威调查表明，年薪在100万以内的人群，钱越多越能感到幸福，而年薪在100万以上的人群，就会越来越难感觉到什么是幸福。《南方周末》曾就60位“人均拥有财富为22.02亿元人民币”的国内顶尖富豪的精神世界进行了一次调查，这些人算得上是最成功的人吧，可结果竟有70%的富豪认为财富给自己带来了“不安全感”，不是快乐，而是害怕和担心。

每个人对每一件事物、每一天的生活都会有自己独特的感受。能在这种属于自己的独特感觉中体味到满足与愉悦的人，就是一个领悟到幸福真谛的人。

体会生活细微处的满足与快乐

幸福并非是三年小成、五年大成后的满足，因为大多数的人都生活在平凡的俗世中，正因如此，幸福的真谛就是发于真性情，做自己喜欢做的事情，由此得到的小小快乐即是幸福。这种幸福简单而不花哨，真实而不虚浮，看得见摸得着。

春秋战国时期，天下纷争，诸侯们每天想着如何消灭对方，扩大自己的疆土。一次，齐国撕毁了与魏国的盟约，让魏国遭受到了很大的损失，为了报仇，魏王决定攻打齐国。就在大军就要出发之时，当时闻名全国的贤士戴晋人要求见魏王，魏王同意了。

见到魏王后，戴晋人给魏王讲了个故事："蜗牛长着两只触角。左面的角上有一个国家，称为触氏；右面的角上有一个国家，称为蛮氏。为了争夺领地，两国交兵开战，伏尸数万，胜者追了十五天，才收兵回营。"魏王笑道："你这个故事很有意思，可是，这与我有什么关系？"戴晋人说："这跟大王您有密切的关系，不信的话，我来为你论证一下：以大王来看，四方上下有穷尽吗？"魏王说："没有穷尽。"戴晋人又问："人的心巡游过无穷无尽的宇宙之后，返回到人世，可不可以说人世渺小到了似有似无？”魏王说：“对。”戴晋人紧跟着又问：“人世既然渺小到了可有可无的地步，而魏国只是人世间的一个很小的地方，国都又是魏国之中很小的一块地方，大王又是国都中很小的一个形体，那么，相对于无穷无尽的宇宙而言，跟蜗牛右角上蛮氏国的国王又有什么分别呢？”魏王说：“没有什么分别。”说完这句话，魏王突然觉得征战和扩疆都是无聊之举，交兵争胜，所得不过蜗牛一角而已，实在没有多大意义。

按戴晋人的意思说来，国家征战不过是在一亩三分地上做的小孩游戏而已，与苍茫宇宙相比，渺小而不堪用，没有任何意义，照此说来，人生在世又何尝不是如此？有人早出晚归，披星戴月，想要一番作为，这固然不错，但同时却又失去了平常生活中的平常乐趣，所谓幸福的滋味也就再也找不回来了。

幸福并不是什么高不可攀的人生终极理想，也不是某种特权。就像我们垂钓于江河，但见水波泛着涟漪；躺身于绿野，望云彩之飘摇。幸福亦是如此，很多人以为香车宝马，美人锦食伴身，谈笑有鸿儒，往来无白丁，抑或闲趣于江湖，抚琴弄箫，不亦快哉？这当然是美好而令人羡慕的好事，但我们也看到，这种“欲”过于庞大，让人不易消化，需要人们在追求这些东西的同时，放弃一些原本宝贵的东西，比如时间，比如爱好，比如简单的人际关系。当这些同样美好的事物逐渐被我们丢弃时，我们还能体会到生活细微处的满足与快乐吗？没有这些小小的满足与快乐，幸福又从何而得？

第二章 用仪式感放大每一寸心情，每一天都变得有趣和值得纪念

阳光的人，每天拥有一个全新的太阳

一位伟大的音乐家说，没有什么东西比演奏一件失调的乐器，或是与那些没有好声调的人一起演唱，更能迅速地破坏听觉的敏感性，更能迅速地降低一个人的乐感和音乐水准了。一旦这样做以后，他就不会潜心地去区分音调的各种细微差异了，他就会很快地去模仿和附和乐器发出的声音。这样，他的耳朵就会失灵。要不了多久，这位歌手就会形成一种唱歌走调的习惯。

在人生这支大交响乐中，你使用的是哪种乐器，无论它是小提琴、钢琴，还是你在文学、法律、医学或任何其他职业中表现的思想、才能，这些都无关紧要，但是，在没有使这些“乐器”定调的情况下，你不能在你的听众——世人面前开始演奏你的人生交响乐。

无论你干什么事情，都不要玩得走样，都不要唱得走调或工作失调，更不要让你失调的乐器弄坏了耳朵和鉴赏力。即使是波兰著名钢琴家、作曲家帕代莱夫斯基那样的人，也不可能在一架失调的钢琴上奏出和谐、精妙的乐章。而一个阳光的人就如一个伟大的音乐家，善用生命中的各种“乐器”，奏出心中自由与和谐的乐章。

心灵的自由与和谐相当重要，心理失调对一个人的生活质量来说是致命的。那些极具毁灭性的情感，比如担忧、焦虑、仇恨、嫉妒、愤怒、贪婪、自私等，都是生活的致命敌人。一个人受到这些情感的困扰时，他就不可能将他的生活处理好，这就好像具有精密机械装置的一块手表，如果其轴承发生摩擦就走不准一样。而要使这块表走得很准，那就必须精心地调整它。每一个齿轮、每一个齿牙、每一根轴承都必须运转良好，因为任何一个缺陷、任何一个麻烦、任何地方出现了摩擦，都将使手表无法走得准时。人体这架机器要比最精密的手表精密得多。在开始一天的生活之前，人也需要调整，也需要保持心灵非常和谐的状态。

人类对于自然的征服可以说达到了顶峰，然而我们的内心却陷入了一种从来没有过的惶恐之中。因为现代人再也找不到哪怕是片刻的宁静和从容，而且，伴随着人们对物质欲望的日益膨胀，人类社会也出现了看上去无法解决的一些问题。这就更加剧了人们的惶恐和不安，人们在努力寻找，企图寻找到彼岸。

但是，对于生活，不同的人有着不同的要求和理解。同样的境遇，有些人觉得是天堂，而有些人却觉得是地狱。

一个农夫躺在麦草垛里呼呼大睡，一个读书人见了，可能会觉得那个农夫非常不幸，家里没有地方躺，只好在这里凑合一下。

但是，那个农夫却未必这样看，他可能会觉得，自己在这里呼呼大睡，说明自己无忧无虑，妻贤子孝，又无衣食之忧虑，这不是天堂是什么？

而这个读书人呢，有好衣服穿，有好东西吃，还有圣贤的书可读，家里又不愁吃不愁穿，照农夫对生活的标准，应该是非常幸福的了。可是，那个书生却不这样看，因为他觉得，有好饭吃，好衣服穿，有好书读，这些都还不够，要读书，得有红袖添香才好夜读书，那才是真正的幸福生活。

所以说，对于生活以及幸福，人们从来都有着不同的衡量标准。

应该说，人们对于生活的要求是无止境的，甚至人对物质的追求也是无止境的，但是这些东西最终带给我们的是患得患失的忧虑、压力和令人疲惫不堪的混乱情绪。所以说，人们追求复杂的生活，其实是得不偿失的，因为外界的诱惑和对物质的追求，使我们失去了内心世界的平静。

与我们内心的东西以及需要相比，外界的一切都是微不足道的，甚至是完全可以忽略不计的。因为我们对于生活的感受其实比生活本身更重要。

很多人都在紧张地忙碌着，却不知道自己是为什么而忙碌，或许，我们是担心在竞争的压力下我们失去了内心的安全感，于是，就产生了无事可做的恐惧感，所以，人们才急急忙忙地找事情做。

一些鸡毛蒜皮的小事能使一个思想状况不佳的人烦恼不已，但是根本无法影响一个心灵阳光的人。即使是出了大事，即使是恐慌、危机、失败、火灾、失去财物或朋友，各种各样的灾难，都不可能使他的心理失去平衡，因为他找到了自己生命的支点——心灵自由与和谐的支点，因此他不再在希望和绝望之间摇摆。

换一种活法，改变一下自己，我们也许就会找到生活的幸福和快乐。学会享受生活，经营心灵的自由与和谐，你就能够感受生命的伟大与自豪。

用仪式感重启生活，别让“习惯”怠慢了爱

习惯了的幸福，小心成了理所当然，然后在不知不觉中怠慢了它。

幸福如酒，有时我们沉醉其中，其实也是昏睡其中。爱情打盹的时候，往往就是你习惯了幸福，熟悉了爱人，也是爱情最危险的段落；因为精力不集中，最容易出车祸的地方，往往不在险峻的山路，而多在平铺直叙、风景迷人的平原高速路上。

周日午后，杨玲有些无聊，陷在沙发里翻阅家庭相册，在看到一张与先生的合影时，忍不住笑了，190cm 的他肩上背着一个极不协调的女包，那是她的挎包。突然，她有些心疼，然后回忆起两人第一次上街的情景，那是一条著名的大街。两人初次见面，微笑，还没有握手，他就第一时间主动把她手里的包接过去很自然地挂在自己的肩上，仿佛义不容辞，这是他留给杨玲的第

一印象；但是结婚后，她怎么就渐渐忘记了这个生动的历史镜头？更惭愧的是，从那以后，只要两人在一起，所有的包都是他主动背着，而杨玲早已熟视无睹，忽略了这些爱的细节，当然也就没有了感动，只有习惯。

当晚，杨玲在博客里写了篇日记，检讨内心那可怕的“麻木”，对爱和幸福的麻木，她说：“幸福的日子总是过得快也忘得快。”自从前年买了轿车后，杨玲也荒芜了与丈夫一起挤公车的那些美好温暖的记忆了，上下班就没了从前彼此搂着的“挤”和“靠”着的温暖了！

第二天，刚好是“世界无车日”，号召大家停止开车一天，特别是公务员要带头。结果公交车爆满，每辆车都“挤挤”一堂。“觉醒”的杨玲，早早地与外号“190”的丈夫携手在路边停靠站等车，他们的单位是在同一路线上，之前都是丈夫开车送她，顺风顺水，一气呵成。今天一起同甘共苦等公车，杨玲才警觉，很久没有“仰望”高高的他了，平常坐在丈夫右侧，她的风景也似乎是右侧车窗外的美，而很少仔细领略丈夫那张专注、认真而温柔的脸……

眼看快要迟到了，他们才艰难地挤上同一辆公车，兵分两路，杨玲化险为夷从前门上车，丈夫则灵机一动从后门上车；上车后，杨玲一直在找后面的丈夫，因为他长的高，所以能看到他，而他正在四处张望，寻找杨玲，眼神里写满了焦急，杨玲心头一热，久违的感动，终于又回到心头。

就这样，每过一站她就往后挪一个位置，同时看到丈夫也往前一点点地挪，经过7个站，两人终于在中门抱在一起了，好像久别重逢，甚至有破镜重圆的恍惚与惊喜，这时杨玲也正好到站下车了。

这个拥抱让杨玲终生难忘。幸福是需要紧紧抱住的，而且常抱常新；也如刀，不用，就钝了，锈了。

我们活在这个世界上，每天不断地奔跑，甚至奔命，追逐的，是世俗的需要，而非心灵的需求。富可敌国的人，未必找到了快乐；权倾一方的人，未必寻觅到了幸福。快乐和幸福，说到底，不是金钱和权力，只是心底里的一种安闲与宁静。

有一首民歌唱道:“你眼前有的景，你没有看；你手头有的福，你没有享。”是啊，我想说的是，我们多少人，在人生的这一刻，不正活在这人世间最美的至境中吗？可是，又有多少人，意识到了这一点，感受到了这一点？于是，多少眼前的美景被辜负了，多少手头的幸福白白地流逝了。

仪式感，给你的幸福上个闹铃

人们常常在幸福的马车已经驶过去很远，才捡起地上的金鬃毛说，原来我见过它。人们喜爱回味幸福的标本，却忽略幸福披着露水散发清香的时刻。那时候我们往往步履匆匆，瞻前顾后，不知在忙些什么。世上有预报台风的，有预报蝗虫的，有预报瘟疫的，有预报地震的，却没有人预报幸福。其实幸福和世界万物一样，有它的征兆。杨澜曾说过这样一句话："我的幸福上着闹铃。"是的，幸福需要你去提醒它，也需要你用心去对待它。

幸福常常是朦胧的，很有节制地向我们喷洒甘霖。你不要总希冀轰轰烈烈的幸福，它多半是悄悄地扑面而来。你也不要企图把水龙头拧得很大，使幸福很快地流失。只需静静地以平和之心，体验幸福的真谛。

幸福绝大多数是朴素的。它不会像信号弹似的，在很高的天际闪烁红色的光芒。它披着本色外衣，亲切温暖地包裹起我们。幸福不喜欢喧嚣浮华，常常在暗淡中降临。贫困中相濡以沫的一块糕饼，患难中心心相印的一个眼神，女友一个温馨的字条……这都是千金难买的幸福啊。像一粒粒缀在旧绸子上的红宝石，在凄凉中仍然光彩熠熠。

幸福有时会同我们开一个玩笑，乔装打扮而来。机遇、友情、成功、团圆……它们都酷似幸福，但它们并不等同于幸福。幸福会借它们的衣裙，袅袅婷婷而来，走得近了，揭去帷幔，才发觉它有钢铁般的内核。幸福有时会很短暂，不像苦难似的笼罩天空。如果把人生的苦难和幸福分置天平两端，苦难体积庞大，幸福可能只是一块小小的宝石。但指针一定要向幸福这一侧倾斜，因为它拥有生命的黄金。

幸福有时候是健忘的，它需要我们时时提醒。当春天来临的时候，我们要对自己说，这是春天了！心里就会泛起茸茸的绿意。幸福的时候，我们要对自己说，要记住这一刻！幸福就会长久地伴随我们。那我们岂不是拥有了更多的幸福！所以，丰收的季节，先不要去想可能的灾年，我们还有漫长的冬季来得及考虑这件事。我们要和朋友们跳舞唱歌，渲染喜悦。既然种子已经回报了汗水，我们就有权沉浸幸福。不要管以后的风霜雨雪，让我们先把麦子磨成面粉，烘一个香喷喷的面包。所以，当我们从天涯海角相聚在一起的时候，请不要踌躇片刻后的别离。在今后漫长的岁月里，有无数孤寂的夜晚可以独自品尝愁绪。现在的每一分钟，都让它像纯净的酒精，燃烧成幸福的淡蓝色火焰，不留一丝渣滓。让我们一起举杯，说我们很幸福。所以，当我们守候在年迈的父母膝下时，哪怕他们鬓发苍苍，哪怕他们已到耄耋之年，你都要有勇气对自己说我很幸福。因为天地无常，总有一天你会失去他们，会无限追悔此刻的时光。

幸福并不与财富、地位、声望、婚姻同步，这只是你心灵的感觉。所以，当我们一无所有的时候，我们也能够说我很幸福，因为我们还有健康的身体。当我们不再享有健康的时候，那些最勇敢的人可以依然微笑着说我很幸福，因为我还有一颗健康的心。甚至当我们连心也不再存在的时候，那些人类最优秀的分子仍旧可以对宇宙大声说我很幸福，因为我曾经生活过。常常提醒自己注意幸福，就像在寒冷的日子里经常看看太阳，心就会不知不觉暖洋洋起来。

以童心去感受幸福

小晗属于最早的一批独生子女，所以从小很被父母宠爱。不过小晗的家教很严格，没有让她过分的任性骄横，但她一直觉得自己不会长大，喜欢那种做孩子的感觉。在小晗家里还能看到很多可爱的东西，比如喝水用的奶瓶，“小翠”鸭子的茶具什么的，她用的护肤品也都是婴儿用品，动画片的碟片有厚厚一叠，还有一书柜的卡通书，那是她读高中的时候积攒的，现在依然视若珍宝。

有了女儿之后的小晗不仅没有“收敛”，反而多了一个玩伴，让她兴奋不已。但是小晗平时上班的时候还是很注意的，尽量收起童心和幼稚的装束，认真工作。小晗目前在一家广告公司做平面设计，工作起来十分干练，充满幻想的创意也让她颇受老板的赏识，她认为这应该归功于自己的童心。

明朝李贽说：“夫童心者，真心也；若以童心为不可，是以真心为不可也。夫童心者，绝假纯真，最初一念之本心也。若失却童心，便失却真心；失却真心，便失却真。”童心不能失去，这是做一个真性情人的需要，也是做一个健康、快乐、长寿之人的需要；对女孩来说，童心更不能失去，这是女孩享受宠爱，享受快乐，享受红颜永驻的青春的需要！

莫让失落的童心搁置，在这个纷繁复杂的世界中，请把你那颗心，深深地根植在童趣的沃土里。这时，你的肩膀不会再如此沉重，你会拥有最开心的笑容！

我们在生活中，真的没必要让自己那么累。其实，仔细想一想，我们这么努力，为的是什么？无非就是快乐，就是幸福。所以，人生有必要给自己留一份纯真，它就好像是生活的调味剂，缓解了枯燥的苦味，在不知不觉中渗出一种甘甜。

生活本身会有不同的色彩，有黑色的苦难、红色的热情、蓝色的忧郁，我们固定的思维模式总让我们用惯用的方式打量这个世界，结果看来看去好像都是单调的色彩，似乎没有什么新鲜的事情发生。但是童心却能让我们像孩子一样，随时用新鲜的眼光看世界、看生活，发现生活中还有亮丽的黄色、宁静的绿色。

生活中，幸福没有统一的答案，也没有一定的模式。幸福的内涵无限丰富，只要你善于捕捉，用心灵去发现，哪怕是一条温暖的短信问候，一句关爱的叮咛，一缕初夏的凉风，一幕日常生活琐碎的片段……你都能感受到幸福，因为你拥有一颗懂得享受幸福的心。幸福其实是无遮无拦的，它就像山坡上静静地吐着芬芳的野花，没有围墙，也不需要门票，只要有一颗清净的心和一双未被遮住的眼睛，就能得到。

给你的生活加点情趣

生活本是丰富多彩的，除了工作、学习、赚钱、求名外，还有许许多多美好的东西值得我们去享受：可口的饭菜、温馨的家庭生活、蓝天白云、花红草绿、飞溅的瀑布、浩瀚的大海、雪山与草原等。此外还有诗歌、音乐、沉思、友情、谈天、读书、体育运动、喜庆的节日……甚至工作和学习本身也可以成为享受，如果我们不是太急功近利，不是单单为着一己利益，我们的辛苦劳作也会变成一种乐趣。

一个 6 岁的小女孩问妈妈：“花儿会说话吗？”

“噢，孩子，花儿如果不会说话，春天该多么寂寞，谁还对春天左顾右盼？”

小女孩满意地笑了。

小女孩长到 16 岁，问妈妈：“天上的星星会说话吗？”

“噢，孩子，星星若能说话，天上就会一片嘈杂，谁还会向往天堂静谧的乐园？”

小女孩又满意地笑了。

女孩长到26岁，已是个成熟的女性了。一天，她悄悄地问做外交官的丈夫："昨晚宴会，我表现得合适吗？"

"棒极了，亲爱的！"丈夫不无欣赏和自豪之情，"你说话的时候，像叮咚的泉水、悠扬的乐曲，虽千言而不繁；你静处的时候，似浮香的荷、优雅的鹤，虽静音而传千言……亲爱的，能告诉我你是怎样修炼的吗？"

妻子笑了："6岁时，我从当教师的妈妈那儿学会了和自然界的对话；16岁时，我从当作家的妈妈那儿学会了和心灵对话；在见到你之前，我从哲学家、史学家、音乐家、外交家、农民、工人、老人、孩子那里学会了和生活对话。亲爱的，我还从你那里得到了思想、智慧、胆量和爱！"

做一个快乐的人，就要学会感受生活，学会品味生活中的每时每刻的内容。虽然享受生活必须有一定的物质基础，努力地工作和学习，创造财富，发展经济，这当然是正经的事。但是，劳作本身不是人生的目的，人生的目的是生活得惬意。一方面勤奋工作，一方面使生活充满乐趣，这才是和谐的人生。

我们说享受生活，不是说要去花天酒地，也不是要去过懒汉的生活，吃了睡，睡了吃。如果这样"享受生活"，那才叫糟蹋生活。

享受生活，是要努力去丰富生活的内容，努力去提升生活的质量。愉快地工作，也愉快地休闲。散步、登山、滑雪、垂钓，或是坐在草地或海滩上晒太阳。在做这一切时，使杂务中断，使烦忧消散，使灵性回归，使亲伦重现。用乔治·吉辛的话说，是过一种“灵魂修养的生活”。

我们的生活可以很平淡，很简单，但是不可以缺少情趣。一个智慧的人，必定懂得从生活中的点滴琐细中，采撷出五彩缤纷的情趣。

当然，享受生活并不需要太多的物质支持，因为无论是穷人还是富人，他们在对幸福的感受方面并没有很大的区别，我们可以通过摄影、收藏、从事业余爱好等途径培养生活情趣。卡耐基说过，生活的艺术可以用许多方法表现出来。没有任何东西可以不屑一顾，没有任何一件小事可以被忽略。一次家庭聚会，一次普通的家务劳动都可以为我们的生活带来无穷的乐趣与活力。

让花朵保鲜的最好方法，莫过于每天换水

有一位虔诚的佛教信徒，每天都从自家的花园里采撷鲜花到寺院供佛。一天，当她正送花到佛殿时，巧遇无德禅师从法堂出来，无德禅师欣喜地对她说道：“你每天都这么虔诚地来并以香花供佛，依据经典，常以香花供佛者，来世当得庄严相貌的福报。”

信徒非常高兴地回答："这是应该的，每天我来寺院供佛时，都感觉心灵像被洗涤过一样清凉，但是一回到家中，就开始心慌意乱。请问禅师，我一个家庭主妇，如何才能够在琐碎烦闷的生活中保持一颗清净纯洁的心呢？"

无德禅师反问道："你以鲜花献佛，相信你对花草总有一些常识，我现在问你，你如何保持花朵的新鲜呢？"

信徒答道："保持花朵新鲜的方法，莫过于每天换水，并且于换水时把花梗剪去一截，因花梗的一端在水里容易腐烂，腐烂后的花梗很难吸收到水分，鲜花就容易凋谢。"

无德禅师说道："保持一颗清净纯洁的心，道理也是这样的，我们的生活环境像瓶里的水，我们就是花，只有不停净化我们的身心，变化我们的气质，并且不断地忏悔、检讨，改掉陋习、缺点，才能不断吸收到大自然的食粮。"

信徒听后，欣喜地施礼感谢道："谢谢禅师的开导，希望以后有机会亲近禅师，过一段寺院中禅者的生活，享受晨钟暮鼓、菩提梵唱的宁静。"

无德禅师道："你的呼吸便是梵唱，脉搏跳动就是钟鼓，身体便是寺宇，两耳就是菩提，无处不是宁静，无处不是禅意，又何必非要到寺院中生活呢？"

有人说，心灵的困窘是人生中最可怕的贫穷。你若能不依靠外在的刺激也可以活得很快乐，那么就能保持内心的宁静和安详了。有很多人需要靠着外在的麻醉和热闹来感觉自己的存在，而真正充实的人对于声色犬马则有免疫力。

我们都是普普通通的人，每天在行色匆匆的人流中穿行，在嘈杂喧嚣的环境中忙碌。我们渴望在疲惫的奔波中获得轻松的释放，在夜深人静的安宁中为自己莫名的孤独找到平静的理由，我们甚至期待自己平平淡淡的生活能出现向往已久的辉煌，幻想着以自己平庸的能力创造出非凡的成绩。我们不停地在为自己的心灵祈祷着，因为只有心灵的不懈和满足，才能使我们感受到人活着的幸福意义。

人生并非尽如人意，我们常常感受到生活中太多难以排解的无奈和缺憾。也许是梦想得不到实现，也许是得到的离你所期待的相去甚远，但是我们总是能在这样的无奈中坚持着，承认自己的平凡，却不曾放弃追求哪怕只是瞬间的完美。

把一切不如意看作是自己心灵提升的过程，把自己的身心沉淀，直到沉淀成一池清水。

每一天都是生命的第一天

一个40岁做生意失败的人，他可以回顾自己惨痛的过去、一无所有的懊悔及愧对家人的心情。他或许会将“那一天”当成生命的终点，选择走上绝路或从此自暴自弃；但是，他也可以将

“那一天”当成生命的开始，进入一个没有过去、没有现在、没有未来的“当下之心”，将创造力全然地发挥，重新开始，开创他想要的未来。

有这样一个故事：

一个小姑娘住院了，心情总是不好，但当她看到，邻床的一位老大娘病很重、精神却很好时，不由得疑惑了。她发现那位老人经常往窗外张望，一边张望一边若有所思地发笑。

有一天老人对呆呆出神的小姑娘说：“你看你看啊，外面的景色多美啊！”于是，老人向小姑娘描述窗外的情景，在老人的描绘里，有情节、有画面、有说不尽的好笑的事情。

老人讲着讲着，把小姑娘感染了、逗笑了。

有一天老人出院了，小姑娘要求住到那位老人空出的地方。等小姑娘搬过去，起身向窗外探去，外面的一切令她大吃一惊——原来，那里哪有什么美丽的景色？只不过是紧邻了一堵黑黝黝的墙而已。

心情的好坏，不是天气也不是身外原因造成的，决定心情的只是你自己，只有自己，才能调控心情的好坏。

清晨7点之前，打开电脑在网页上听散文朗读，在阳台上浇浇花，这个时刻是一天里最美好的。当你细细地体会着生命、岁月、花香，尽管时间很短，是那么匆促，却奢侈地拥有着。正因为短暂，所以能感觉到自己是幸福的。

其实每天的天气并不都晴朗，有时也阴云密布。但你每个早上，皆因重复着这些事情而快乐着。

茉莉花又开了，有几朵也败了，你用纸杯接水浇它，水落在叶子上，叶子轻微地抖了一下，自然，落了水的叶子更油亮了。然后关了门，去上班。花的美丽，其实只来自一杯水。

每一天都是崭新的一天。这是一个多么平常的清晨啊，然而这个早晨的空气，会因你的好心情而更加清新、充沛。

是的，好心情是一杯茶、一朵花、一份尽心的工作，它不在意有没有人欣赏，不需要太多的喝彩和掌声。如此心静一点、简约一点，每天都有一个新升的太阳，每天都有一份美好的心情，又何尝不是一种美丽与幸福呢？

用赤子心去感受生活

花开花落，几度春秋，时光荏苒又是新的一年。

孩子们在欢呼雀跃：又长大了，又长高了！

父辈、祖辈却在嗟叹：皱纹又密了，白发又多了，连身高都被年轮压矮了。

是啊，韶华易逝，青春再美丽，也只是人生的匆匆过客，来不及缱绻情长，便倏然离去，但所幸我们还有精神。

郭沫若先生曾经说过："一个人老当益壮精神强，那人必然伟大；一个人未老先衰无精神，那人必然腐朽。”

的确，青春固然令人艳羡，需要加倍地珍惜；而不老的青春，则更令人神往，因为它是不灭的创造生命的心灵之火，是一个人活着的精魂。

看我们的身边，有人刚到不惑，就形容枯槁，悲观厌世，消极度日；有人古稀之年，却热情洋溢，从外表到精神都始终优美且优雅地驻足在他们的青年时代。

当李敖旋风般地到祖国大陆进行了一次“神州文化之旅”时，让人由衷佩服的，是他的蓬勃朝气和青春活力。

他西装革履，神采奕奕，慷慨激昂，那是一个 71 岁的老人吗？不，那是一个“充满青春活力的人”。

我们也一样，不管岁月留下怎样的印记，没人愿意接受老气横秋的羁绊，没人愿意让青春就此老去，那就善待它吧——

很多人在社会上打滚久了，身上多了世故却少了天真；处心积虑久了，脸上的表情也变得复杂起来。虽然人不可貌相，但是“相由心生”，人的容貌还是操之在己。

除了五官之外，气质和神韵才是一个人真正的精神内涵表现，心机狡诈之人绝无可亲的相貌；反之，具有赤子之心的人其容貌一定清楚明朗；内心不安定的人，眼神一定闪烁不定；拥有天真美善之心的人，眼睛一定清澈明亮。

拥有童稚之心，说起来很简单，实行起来却不容易，就好像世界上的道理一样，听起来十分简单，做起来却十分困难。但是，凡事存乎一心，若能从心开始，复杂就会趋向简单，简单就会趋向清澈。从世故到天真和从天真到世故，其实是一体两面，就好像黑夜和白天，只有放下世故的复杂面貌，才能回归天真的本质。

正是因为“天真”，人生才多点趣味，让我们永葆赤子心，在生活中多点纯真、少点世故，30 岁以后，每个人都应该对自己的容貌负责，做个纯真而成熟的人。

第三章

对未来的期待，让我们把自己折腾成想要的样子

shenghuo
xuyao
yishigan

你可以平凡，但不应平庸

“现在的自己永远是有待完成的”，诗人格斯特所说这句话的意思就是，那些追求卓越的人不满足于现有的成就，他们以批判的态度来审视自己，把他们现在的地位和他所期待的状况进行比较，并以此激励自己不断努力。

我们每个人都希望自己有一天能出人头地，拥有精彩的人生。然而，很多人一辈子却庸庸碌碌，不仅没有任何作为，反而活得一塌糊涂。

这样的结果，完全是自己甘于平庸的心态造成的。如果一个人能够超越自己，不甘平庸，那他就很容易获得成功。

碌碌无为的生活，会使人的精神和意志常常处于麻木与半麻木的状态，犹如待在没有星星与月亮的黑夜，没有风，没有鸟，甚至连一点儿声音也没有，周围一片死寂。

只有不甘于平庸、不满足于现状，才会对生活有所追求，才能使我们热血沸腾、干劲十足，才会使我们加倍努力。

何永智被称为“中国的阿信”，她的成功就是由于她不甘平庸。她靠三口锅开火锅店起家，后来越开越大，成为中国的“火锅皇后”。

何永智原来在一个制鞋厂工作，丈夫是电工。靠着微薄的工资，日子过得很清贫。何永智不满足这种只够温饱的日子，她下班后就去做些小买卖，以改变窘迫的现状。

改革开放初期，何永智大胆地把房子卖了，买了成都市八一路一间临街房，卖服装和皮鞋，生意规模迅速扩大。

后来，八一路改成了火锅特色一条街，何永智果断地关闭了原来的店铺，开了“小天鹅火锅店”。刚开始，店面很小，只能摆下三张桌，设三口锅。第一个月没有经验，亏损。第二个月，何永智把心思用在两个方面：一是口味，二是服务，生意一天天好了起来。

何永智的店很红火，一天的收入抵她过去一个月的工资，但她并不满足，盼望着能赚一万元，也当个“万元户”。为了这个愿望，何永智废寝忘食，把所有精力都用在经营上，店也一天比一天红火。6 年后，她成了这条街上的“火锅皇后”，经营面积扩大到 100 多平方米。这时，何永智有了更大的梦想。

20 世纪 90 年代初，她在成都租下 2000 平方米的房屋，开设了第一家分店。随后，何永智又接着扩大规模，相继在绵阳、双流等周边地区开设分店，影响越来越大。

1994 年，天津加盟连锁店的开设使何永智的火锅事业又迈上了一个新的台阶。之后，她的火锅店以平均每月开一家的速度向全国各大城市推进。很快，上海、北京、南宁、广州、西安、沈阳、哈尔滨等地都开起了加盟店。她甚至把火锅店开到了美国西雅图等地，使之成为国际型企业。何永智一举跨入了亿万富翁的行列。

如果何永智甘于某一阶段的富足，害怕冒险，见好就收，就不会拥有后来的财富。

目前，何永智已成为大企业的集团总裁，曾当选为第八届全国妇联代表，她所创办的企业也跻身“中国私营企业500强”行列，成为“中国最具前景的50家特许经营企业”。

人这一生，或是平庸，或是卓越，看你怎样选择。如果没有理想，没有事业心，那就只能庸庸碌碌地度过一生。有不少年轻人很聪明，很能干，也很自信，却无所作为。原因是：甘愿平庸。一个甘愿平庸的人，永远不会获得成功。

人可以平凡，但不能平庸。只要不甘平庸，即使再平凡的岗位，也能成就不凡的事业，达到卓越。

人生有方向，才能稳定立世

比塞尔是西撒哈拉沙漠中的一颗明珠，每年都会有数以万计的旅游者来到这儿。可是在肯·莱文发现它之前，这里还是一个封闭落后的地方。这儿的人没有一个走出过大漠，据说，不是他们不愿离开这块贫瘠的土地，而是尝试过很多次都没能走出去。

肯·莱文当然不相信这种说法。他用手语向这儿的人问原因，结果每个人的回答都一样：从这儿无论向哪个方向走，最后还是转回到出发的地方。为了证实这种说法，他做了一次试验，从比塞尔村向北走，结果三天半就走了出来。

比塞尔人为什么走不出来呢？肯·莱文非常纳闷，最后只得雇一个比塞尔人，让他带路，看看到底是怎么回事。他们带了半个月的水，牵了两峰骆驼，肯·莱文收起指南针等现代设备，只拄一根木棍跟在后面。

十天过去了，他们走了大约800英里的路程，第十一天早晨，果然又回到了比塞尔。

这一次，肯·莱文终于明白了，比塞尔人之所以走不出大漠，是因为他们根本就不认识北斗星。在一望无际的沙漠里，一个人如果凭着感觉往前走，他会走出许多大小不一的圆圈，最后的足迹十有八九是一把卷尺的形状。比塞尔村处在浩瀚的沙漠中间，方圆上千公里没有一点儿参照物，若不认识北斗星又没有指南针，想走出沙漠，确实是不可能的。

肯·莱文在离开比塞尔时，带了一位叫阿古特尔的青年，就是上次和他合作的人。他告诉这位汉子，只要你白天休息，夜晚朝着北面那颗星走，就能走出沙漠。阿古特尔照着去做了，三天之后果然来到了大漠的边缘。阿古特尔因此成为比塞尔的开拓者，他的铜像被竖在小城的中央。铜像的底座上刻着一行字：新生活是从选定方向开始的。

正如上述例子的最后一句话，人生也同样如此。人生自然有自我存在的价值，选择一个目标，就等于明确了人生的方向，这样才不至于迷失。

一个人如果没有自己的人生观，没有人生的方向，没有确定自己活着究竟要做一个什么样的人、做什么事，只是跟着环境在转，这就犯了庄子所说的“所存于己者未定”的毛病，那将是人生最悲哀的事。

一个辉煌的人生在很大程度上取决于人生的方向，个人的幸福生活也离不开方向的指引。确立人生的方向是人一生中最值得认真去做的事情。你不仅需要自我反省、向人请教“我是什么样的人”，还需要很清楚地知道“我究竟需要什么”，包括想成就什么样的事业、结交什么样的朋友、培养和保留什么样的兴趣爱好、过一种什么样的生活。这些选择是相对独立的，却是在一个系统内的，彼此是呼应的，从而共同形成人生的方向。

摩西奶奶是美国弗吉尼亚州的一位农妇，76 岁时因关节炎放弃农活，这时她给了自己一个新的人生方向，开始学习她梦寐以求的绘画。80 岁时，她到纽约举办画展，引起了意外的轰动。她活了 101 岁，一生留下绘画作品 600 余幅，在生命的最后一年还画了 40 多幅。

不仅如此，摩西奶奶的行动也影响到了日本大作家渡边淳一。渡边淳一从小就喜欢文学，可是大学毕业后，他一直在一家医院里工作，这让他感到很别扭。马上就30岁了，他不知该不该放弃那份令人讨厌却收入稳定的工作，转而从事自己喜欢的写作。于是他给耳闻已久的摩西奶奶写了一封信，希望得到她的指点。摩西奶奶很感兴趣，当即给他寄了一张明信片，上面写了这么一句话："做你喜欢做的事，上帝会高兴地帮你打开成功之门，哪怕你现在已经80岁了。"

人生是一段旅程，方向很重要。只有掌握了自己人生的方向，每个人才可以最大化地实现自己的价值，正如例子里的摩西奶奶和渡边淳一。

找到人生方向的人是快乐的，他们的生活与他们所向往的人生方向是相一致的，这样的生活也让他们的生命更加有意义。

了解自己，给梦想一个支点

现代人强调生涯规划，正是因为人生需要一个构想或蓝图。生涯规划不是事业规划，不是你要挣多少钱，要买多大的房，而是你怎样一步一步接近自己想要的生活。在人生的每一个阶段，要达到一种什么样的自我满足——这才是人生规划的真正内容和目的所在。要实现这个规划，首先要做的就是发掘自己的潜能，全面了解自己，正确定位自己，这个定位将是我们实现梦想的一个支点。

生活中有很多人抱怨工作不尽如人意、不遂心愿、太累、没有成就感，这是一件很可惜的事情。因为他们没有在适当的位置上展现自己的才华，甚至还有些人根本就不知道自己适合做什么。找对了位置，才可以充分展现自己的才华，做出一番成就。找到自己的优势所在，给自己一个正确的定位，才能以此为基础实现自己的梦想，更好地经营自己的人生。

给自己一个定位首先要考虑的是自己的兴趣。有一句被人们说了无数次的话："兴趣是最好的老师。"荣膺"世界十大知名美容女士""国际美容教母"称号的香港蒙妮坦集团董事长郑明明就是一个找出自己兴趣所在，正确定位自己，从而走向成功的典范。

在印尼的华人圈子里，郑明明的父亲很有名望。郑明明读小学时，有一天父亲特地将香港作家依达的小说《蒙妮坦日记》推荐给她。这是依达的成名作品，描写了一个叫蒙妮坦的女孩子经过爱情、事业的挫折之后，最终实现自己梦想的故事。按照父亲的设想和愿望，女儿以后应该也是个"高等知识分子"。然而，从小就喜欢把自己打扮得漂漂亮亮的郑明明对美的事物更感兴趣。当她在街上看到印尼传统服装——纱笼布上那精美的手绘图案时，她就被艺术的无穷魔力深深吸引住了，被那些给生活带来美丽的手工艺人的精湛技艺感动了，从此她便萌发了从事美发事业的念头。

郑明明坚持要为自己负责，走自己想走的路。于是她瞒着父亲到了日本，在日本著名的山野爱子学校开始了美容美发的学习。那所学校里都是些富家女，大家每天的生活就是相互攀比，比谁衣服好看，谁打扮得漂亮等。但郑明明不是这样，因为她留学不是为了和她们攀比斗艳，况且她也没有多余的钱攀比。由于得不到父亲的支持，来到日本的她当时身上只有300美元，这些钱在交完学费、住宿费后就所剩无几。冬天的时候，她的同学都穿着各式各样的皮衣，而她只有一件破旧的黑大衣御寒。平时下了课，郑明明还要到美发厅打工。一是为了挣钱，二是为了学习人家的经验。在打工期间，她仔细观察每个师傅的技术、顾客的喜好、店铺的管理等以盘算自己未来的事业蓝图。

从日本的学校毕业以后，郑明明来到了中国香港，租了间店面成立了蒙妮坦美发美容学院。万事开头难，创业初期，她一人身兼数职，既是老板，也做工人；既迎宾，也要洗头。她坚信"时间就像海绵中的水，要是挤总会有的"，郑明明每天晚睡早起，至少工作11个小时。忙碌之余，她还有个雷打不动的习惯，就是到了晚上把白天顾客留的姓名、特征、发型等资料建成档案经常翻阅，便于下次和顾客沟通。

经历了很多磨难，郑明明终于成功了。她成立了一个又一个的分店，从中国香港到中国内地。从此，人们知道了蒙妮坦，也知道了郑明明。

如果郑明明按照父亲的意愿走上那条中规中矩的道路，凭借她的资质，说不定现在也会很成功，但是绝对不会比现在的她更辉煌。正因为她选择了自己感兴趣的道路，才会激发出自己的潜力，并甘愿付出更多的努力和坚持。

要找到自己的定位，必须首先了解自己的性格、脾气。在给自己定位时，有一条原则不能变，即无论你做什么，都要选择自己最擅长的。只有找准自己最擅长的，才能最大限度地发挥自己的潜能，调动自己身上一切可以调动的积极因素，并把自己的优势发挥得淋漓尽致，从而获得成功。

做真实的自己，过想过的生活

生命的真正意义在于能做自己想做的事情。如果我们总是被迫去做自己不喜欢的事情，永远不能做自己想做的事情，我们就不可能拥有真正幸福的生活。可以肯定，每个人都可以并且有能力做自己想做的事，想做某种事情的愿望本身就说明你具备相应的才能或潜质。

为了生存，或许你不得不做自己不愿意做的事情，而且似乎已经习惯了在忍耐中生活。拿出你的魄力，做你想做的事情，放飞你心灵的自由鸟吧。

“知人者智，自知者明”。无论有多么困难，我们都应该找到自己内心深处真正需要的东西。甘愿迷失方向的人，他永远也走不出人生的十字路口；只有那些不愿随波逐流，不甘陈规束缚自己的人，才有勇气和魄力解除捆绑自己身心的绳索，找到自己想做的事情，并从中享受幸福的感觉。

冲破世俗的罗网，冲破内心的矛盾，真实地做一次自由的选择吧。生活本没有那么多的拘束，只是你自己不愿意改变现状，甘于这种无奈而已。

做自己想做的事情，这也是人生一大快事！

当然，做自己想做的事情在一定程度上要取决于你是否具备该行业所要求的特长。

没有出色的音乐天赋，很难成为一名优秀的音乐教师；没有很强的动手能力，就很难在机械领域游刃有余；没有机智老练的经商头脑，也很难成为一名成功的商人。

但是，即使你具备某种特长，并不能保证你就一定能够成功。有些人具有非凡的音乐天赋，但是，他们一生却从未登上大雅之堂；有些人虽然手艺高超，却未能过上富裕的生活；有些人具有出色的人际交往和经商能力，但他们最终却是失败者。

在追求成功和致富的过程中，人所拥有的各种才能如同工具。好的工具固然必不可少，但是能否正确地使用工具同样非常重要。有人可以只用一把锋利的锯子、一把直角尺、一个很好的刨子做出一件漂亮的家具，也有人使用同样的工具却只能仿制出一件拙劣的产品，原因在于后者不懂得善用这些精良的工具。你虽然具备才能并把它们作为工具，但你必须在工作中善用它们，充分发挥其作用，方能天马行空，来去自由。

当然，如果你拥有某一个行业所需要的卓越才能，那么，从事这个行业的工作，你会比别人有更多的自由度。一般说来，处在能够发挥自己特长的行业里，你会干得更出色，因为你天生就适合干这一行。但是，这种说法具有一定的局限性。任何人都不应该认为，适合自己的职业只能受限于某些与生俱来的资质，无法做更多的选择。

做你想做的事，致富后将能获得最大的自由感。做你最擅长的事，并且勤奋地工作，当然这是最容易取得成功的。

如果你具有想做某件事情的强烈愿望，这本身就可以证明，你在这方面具有很强的能力或潜能。你所要做的，就是去正确地运用它，并且去巩固和发展它。

在其他所有条件相同的情况下，最好选择进入一个能够充分发挥自己特长的行业。但是，如果你对某个职业怀有强烈的愿望，那么，你应该遵循愿望的指引，选择这个职业作为你最终的职业目标。

做自己想做的事情，做最符合自己个性、令自己心情愉悦的事情，这是所有人的共同欲求。

谁都无权强迫你做自己不喜爱的事情，你也不应该去做这样的事情，除非它能帮助你最终获得自己所求的结果。

如果因为过去的失误，导致你进入了自己并不喜爱的行业，处在不如意的工作环境中，在这种情况下，你确实不得不做自己并不想做的事情。但是，目前的工作完全有可能帮助你最终获得自己喜爱的工作，认识到这一点，看到其中蕴藏的机遇，你就可以把从事眼下的工作变成一件同样令人愉悦的事情。

如果你觉得目前的工作不适合自己，请不要仓促换工作。通常说来，换行业或工作的最好方法，是在自身发展的过程中顺势而为，在现有的工作中寻找改变的机会。当然，如果一旦机会来临，在审慎的思考和判断后，就不要害怕进行突然的、彻底的变化。但是，如果你还在犹豫，还不能得出明确的判断，那么，等条件成熟了，自己觉得有把握了再行动。

愉悦自己，才是真正地爱自己

在遭遇困苦时，乐观的人总会努力想办法让自己快乐起来，让精神的伤痛远离自己。愉悦自己，才是真正地爱自己。

由于经济破产和从小落下的残疾，人生对基尔来说已索然无味了。

在一个晴朗的日子，基尔找到了牧师。牧师耐心听完了基尔的倾诉，对基尔说："让我给你看样东西。"他向窗外指去。那是一排高大的枫树，在枫树间悬吊着一些陈旧的粗绳索。他说："60 年前，这里的庄园主种下这些树，他在树间牵拉了许多粗绳索。对于嫩弱的幼树，这太残酷了，因为创伤是终生的。有些树面对残忍现实，能与命运抗争，而另一些树消极地诅咒命运，结果就完全不同了。眼前这棵粗壮的枫树看不出有什么疤痕，所看到的是绳索穿过树干——几乎像钻了一个洞似的，真是一个奇迹。"

"关于这些树，我想过许多。"他说，"只有体内强大的生命力才可能战胜像绳索带来的那样终生的创伤，而不是自己毁掉这宝贵的生命。对于人，有很多解忧的方法。在痛苦的时候，找个朋友倾诉，找些活干。对待不幸，要有一个清醒而客观的全面认识，尽量抛掉那些怨恨、妒忌等情感负担。有一点也许是最重要的，也是最困难的：你应尽一切努力愉悦自己，真正爱自己。"

能否越过障碍、突破挫折困苦，乐观的人总有他自己的方法。

1. 转移不良的情绪

碰到不顺心的事情或在家中与亲属发生争吵，不妨暂时离开一下现场，换个环境，或者同别人去聊天，或者参加一些文体活动，娱乐一下。总之，把注意力转移到别的方面去。只有把原来的不良情绪冲淡以至赶走，才能重新恢复心情的平静和稳定。

2. 憧憬美好未来

只有经常憧憬美好的未来，才能始终保持奋发进取的精神状态。不管命运把自己抛向何方，都应该泰然处之。不管现实如何残酷，都应该始终相信困难即将克服，曙光就在前头，相信未来会更加美好。

3. 忆苦思甜

在人生的旅途中，有时荆棘丛生，有时铺满鲜花，有时忧心如焚，有时其乐融融。对此应进行精心的筛选，不能让那些悲哀、凄凉、恐惧、忧虑、彷徨的心境困扰着我们。对那些幸福、美好、快乐的往事要常常回忆，以便在心中泛起层层涟漪，激发人们去开拓未来，而对那些不愉快的事情、诸多的烦恼则尽量要从头脑中抹掉，切不可让阴影笼罩心头，而失去前进的动力。

4. 积极的自我暗示

例如对着镜子对自己说："我是最棒的！我一定会成功！"

5. 宽待自己

学会宽待自己是一件非常重要的事情。学会宽待自己就要允许自己犯错误，"金无足赤，人无完人"，谁能一辈子不犯错误？在总结教训之余，要安慰自己，即使是由于自身的原因导致的错误也不要对自己责备太严，要学会宽待自己，经常对自己说："过去的就让它过去吧，一切从头开始。"只有这样才能形成正确的心态，才能够乐观地生活下去。

看重生命的过程而非结果

在我们潜意识的深处是一幅美好的田园景象：我们看到自己坐着火车，行进在一条横跨大陆的漫长的旅程中，吸吮着饮料，透过车窗，能看到近处高速公路上流动着的车辆；十字路口向我们挥手致意的孩子；小山旁吃草的牛群；从发电站喷吐而出的烟雾；一排排连绵不断的玉米、麦子、山川和溪谷；城市建筑的空中轮廓和乡村的小山坡。

可是，很多时候我们会烦躁不安，对车窗外的美景视而不见，诅咒着这些慢悠悠的分分秒秒——等着，等着……在我们心目中，目的地才是最重要的。在特定的一天，特定的时辰，我们的火车将要进站……

“如果我到了车站，事情就妥了。”我们这样安慰自己。“如果我考上理想的大学——”“如果我进了知名的外资企业——”“如果我付清住房的贷款——”“如果我得到提升——”“如果我退休，我就可以永远地享受人生！”但或迟或早，我们全明白，生活中根本不存在什么车站，也没有什么可以到达的地方。

生活中真正的乐趣就是旅行。车站只不过是一个梦，永远可望而不可即，把我们远远地抛在后面。活着，就尽情地享受人生！有人说："幸福与否不在于目的的达到，而在于追求的本身及其过程。"生活中的绝大多数情景就是这样的。珍惜现在，尽可能地享受当下的美好时光吧！

明末崇祯年间，有人画了一幅画，巍然耸立的一棵松树，树下有一方大石，大石上摆着一个棋盘，棋盘上面几颗疏疏落落的棋子，意境深远，若有所指。当时的高僧苍雪大师在画上写了一首诗，将画中之意挥洒得淋漓尽致："松下无人一局残，空山松子落棋盘。神仙更有神仙着，毕竟输赢下不完。"此诗以一个方外之人的超然心境，将所有人生哲学、历史哲学尽包含其中。人生如同一局残棋，你争我夺，世世相传，"输赢"二字永远也没有定论。

人生如棋局，众生如棋子，输赢下不完，何必工心计。

宇宙间的万事万物时时刻刻都在变化，任何时间，任何地方，一切事情刹那之间都会有所变化，不会永恒存在。生命如莲，次第开放，人生不过是一次旅行，漫步在时空的长廊，富贵名利，不过过眼云烟。

20世纪，一位美国的旅行者去拜访著名的波兰籍经师赫菲茨。他惊讶地发现，经师住的只是一个放满了书的简单房间，唯一的家具就是一张桌子和一把椅子。"大师，你的家具在哪里？"旅行者问。"你的呢？"赫菲茨回问。"我的？我只是在这里做客，我只是路过呀！"这位美国人说。"我也一样！"经师轻轻地说。

天地万物，都在永远不息的动态中循环旋转，在动态中生生不息，并无真正的静止。无论是历史，还是人生，一切事物都是无穷无尽、相生相克，没有了结之时。既然人生不过是路过，便用心享受旅途中的风景吧。

如果生命是一段旅程的话，那么旅程的起点是诞生，终点就是死亡。在这段旅程中，我们每个人都会欣赏到沿途的无限风光，但景色再美，我们都要到达生命的终点站。生命的历程有长有短，因此路途中总会有人不断到站，当亲人离去时，我们要学会淡忘忧伤，当我们到站时，我们更要学会豁达面对。只要我们好好生活，珍惜生命旅途，在临近终点时我们便能坦然地说："感谢生命，我已经真正地经历过了。"

勇气在哪里，生命就在哪里

有一天，一个10岁的黑人小女孩被母亲派到磨坊里向种植园主索要50美分。

园主放下自己的工作，看着那个小女孩敬而远之地站在那里看着他，便问道："你有什么事情吗？"小女孩没有移动脚步，怯怯地回答说："我妈妈说想要50美分。"

园主用一种可怕的声音和斥责的脸色回答说：“我决不给你！你快滚回家去吧，不然我锁住你。”说完继续做自己的工作。

过了一会儿，他抬头看到那个小女孩仍然站在那儿不走，便掀起一块桶板向她挥舞道：“如果你再不滚开的话，我就用这桶板教训你。好吧，趁现在我还……”话未说完，小女孩突然冲到他前面，毫无惧色地仰起脸来用尽全身气力向他大喊：“我妈妈需要50美分！”

慢慢的，园主将桶板放了下来，手伸向口袋里摸出50美分给了那个小女孩。她一把抓过钱去，便像小鹿一样推门跑了，留下园主目瞪口呆地站在那儿回顾这奇怪的经历——一个黑人小女孩竟然毫无惧色地面对自己，并且镇住了自己。在这之前，整个种植园里的黑人们似乎从未有人这样做过。

正是勇气的支撑，使身体单薄的小女孩选择了抗争。“应当惊恐的时候，是在不幸还能弥补之时；在它们不能完全弥补时，就应以勇气面对。”

从著名女作家乔治·艾略特的自传中，人们终于知道了她为什么没有与赫伯特·斯宾塞结婚。那不是她的错，因为她非常爱他，非常想与他结婚。他们有很多共同之处，他也追求她很多年，很多人都以为他们将要结婚。

有一天，斯宾塞用抛硬币来决定是否结婚，他事先想好，如果是正面就结婚，如果是反面就不结婚。结果硬币是反面，他决定不结婚。这个决定既残酷，又草率。这深深地伤害了艾略特，因为她深深地爱着他，也期待着他的爱。她很痛苦。

在心碎数月之后。她写信给一位朋友说：“我很好，很‘勇敢’，我本来想把这个词换成‘快乐’的。”当然，她也是幸运的，因为斯宾塞像一头蠢猪一样冷酷、抽象而又易怒。如果他们结婚，她所受到的痛苦可能更大，更不用说斯宾塞常年有病了。

实际上，这可以称得上是一种幸运的解脱方式。斯宾塞的个性僵硬，很多人认为他的哲学也是僵硬的。用抛硬币来决定终身大事，这样的行为如果不是出于自私，他的心理肯定有问题。由于斯宾塞一生未婚，可以说，对于其他女性来说，这也是幸运的。

当我们知道“勇气”可以代替“快乐”时，我们是幸运的，只是因为它揭示了生活中的一个事实。虽然我们失去了一些东西，但是，我们同时也有所得。即使我们没有运气，我们也可以有勇气。幸运也是变幻无常的，它会赋予一个人名声，赋予另一个人财富，并且可以毫无理由。勇气却是一个稳定而又可以依靠的朋友，只要我们信任它。

有句古老的谚语说：“生来就拥有财富还不如生来就有好运。”这句话说得也许正确，但是，如果生来就拥有勇气则会更好。财富可能会挥霍一空，好运可能会掉头而去，而勇气则会常伴你左右。

正像乔治·艾略特面对失恋的痛苦一样，让我们用笑脸来迎接悲惨的厄运，用百倍的勇气来应付一切的不幸。勇气在哪里，成功就在哪里；勇气在哪里，生命就在哪里。

仪式感，能够更好地提升我们的行为力

有一位老教授，一生爱好收藏，早年收藏了许多价值连城的古董。他的老伴很早就死了，留下三个孩子。后来，孩子们长大以后就出国了，很少回来看他。

孩子不在身边，老教授一直很寂寞，所幸还有一个昔日的学生经常来陪着他。

许多人都说："这位年轻人放着自己的正事不干，成天陪着老头子，好像很孝顺的样子，他这样做都是为了老头子的钱！"

老教授的孩子们，也常从国外打电话回来，叮咛老教授务必小心，千万不要被骗。

"我当然知道，"老教授总是这么说，"我又不是傻瓜。"

后来老教授死了。律师宣读遗嘱时，三个孩子都从国外赶回来，老教授的那一位学生也到了。遗嘱宣读之后，三个孩子的脸都绿了，因为听到老教授居然把大半的收藏都留给了那个学生。

同时，老教授在遗嘱上向孩子们解释说："我知道他可能看上了我的古董收藏。但是，在我寂寞的晚年，只有他才是真正照

顾我的人！孩子们尽管爱我，但是说在嘴里、挂在心上，却从不伸出手来照顾我。就算我这位学生的热心都是假的，但是，能够这样陪我、照顾我十几年，连句怨言都没有，这是你们都没有做到的。”

诚如老教授所说，只是在嘴上说出美好的愿望却没有实际行动的人是多么不正常和不真诚啊，虽然我们在做事情的时候没有必要提前宣布，但我们必须要在行动中表现出我们的愿望。尽管行动有时候并不能帮助我们达成自己的愿望，但是没有行动的愿望就只能是空想，它永远都不可能被落实在生活的深处。

有一个一贫如洗的年轻人总是想着如何能够摆脱贫穷，但又不想付诸行动，于是他每隔两三天就到教堂祈祷，而且他的祷告词几乎每次都相同。

第一次他到教堂时，跪在圣坛前，虔诚地低语：“上帝啊，请念在我多年来敬畏您的份上，让我中一次彩票吧！”

几天后，他又垂头丧气地回到教堂，同样跪着祈祷：“上帝啊，为何不让我中彩票？我愿意更谦卑地来服侍您，求您让我中一次彩票吧！”

又过了几天，他再次出现在教堂，同样重复着他的祈祷。如此周而复始，他不间断地祈求着。

到了最后一次，他跪着说：“我的上帝，您为什么不垂听我的祈求呢？让我中彩票吧！只要一次，让我解决所有困难，我愿终身奉献，专心侍奉您。”

就在这时，圣坛上空发出了一阵宏伟庄严的声音：“我一直在垂听你的祷告。可是——最起码，你老兄也该先去买一张彩票吧！”

现实生活中没有如此愚蠢的事，但却有如此愚蠢的人。心中有好的想法却不愿或不敢行动起来，类似的事情在你身上也可能发生。想想你是不是常常渴望成功，却没有为成功做出过一丝一毫的努力?

你应该懂得，要成功，光有愿望是不够的，还必须拥有一定要成功的决心，配合确切的行动，坚持到底，方能成功。

行动，是通往成功的清幽小路。只有下定决心，历经学习、奋斗、成长这些不断的行动，才有资格摘下成功的甜美果实。而大多数的人，在开始时都拥有很远大的梦想，如同故事中那位祈祷者。但却从未掏腰包真正去买过一张彩票。缺乏决心与实际行动的梦想，于是开始萎缩，种种消极与不可能的思想衍生，甚至于就此不敢再存任何梦想，过着随遇而安、乐于知命的平庸生活。

这也是为何成功者总是占少数的原因。了解了一些成功哲学后的你，是否真心愿意在此刻为自己的理想，认真地下定追求到底的决心，并且马上行动呢?

心存盼望地看待未来，相信美好的存在

对尚未到来的事情，不要总是表现出忐忑不安，而是要心存盼望地看待未来。因为有时候，命运会受控于我们的思想，如果自己希望发生好的事情，那么就可能发生好的事情，但是如果自己一直都在恐惧和不安中度过，那么很可能命运就会顺从你的意愿，给你安排更多的苦难和不幸。

她只是一个平凡而普通的妇人。1937 年她丈夫死了，她觉得非常颓丧，而且她几乎一文不名。她写信给她以前的老板李奥罗区先生，请他让她回去做她以前的工作。她以前靠推销《世界百科全书》过活。两年前，她丈夫生病的时候，她把汽车卖了，现在她勉强凑足钱，分期付款才买了一部旧车，又开始出去卖书。

她原本想，再回去做事或许可以帮她摆脱困境。可是要一个人驾车，一个人吃饭，这几乎令她无法忍受。有些区域简直就做不出什么成绩来，虽然分期付款买车的数目不大，她却很难付清。

1938 年的春天，她在密苏里州的维沙里市，看到那里的学校条件都很差，路又很坏，很难找到客户，她一个人又孤独又沮

丧，有一次甚至想要自杀。她觉得成功是不可能的，活着也没有什么希望。每天早上她都很怕起床面对生活。她什么都怕，怕付不出分期的车款，怕付不出房租，怕没有足够的东西吃，怕她的健康状况变糟而没有钱看医生。让她没有自杀的唯一理由是，她担心她的姐姐会因此而觉得很难过，而且她的姐姐也没有足够的钱来支付自己的丧葬费用。

然而有一天，她读到一篇文章，使她从消沉中振作起来，使她有勇气继续活下去。她永远感激那篇文章里那一句很令人振奋的话："对一个聪明人来说，太阳每天都是新的。"她把这句话打印下来，贴在车子前面的挡风玻璃上，这样，在她开车的时候，就能看见这句话。她发现每次只活一天并不困难，她学会忘记过去，每天早上都对自己说："今天又是新的一天。"

她成功地克服了对孤寂的恐惧和对生存的恐惧。她现在很快活，并对生命保持着热忱和爱。她现在知道，不论在生活上碰到什么事情，都不要害怕；她现在知道，不必惧怕未来；她现在知道，只要活一天，而"对一个聪明人来说，太阳每天都是新的"。

在日常生活中可能会碰到令人兴奋的事情，也同样会碰到令人消极的、悲观的事情，这本来是正常现象，如果我们的思维总是围着那些不如意的事情，就很容易失去前进的动力。因此，我们应尽量做到脑海想的、眼睛看的，以及口中说的都应该是光明的、乐观的、积极的，相信每天的太阳都是新的，明天又是新的一天，发扬向前看的精神才能使我们在事业中获得成功。

古希腊诗人荷马曾说过：“过去的事已经过去，过去的事无法挽回。”泰戈尔在《飞鸟集》中也写道：“只管走过去，不要逗留着去采了花朵来保存，因为一路上，花朵会继续开放的。”的确，昨日的阳光再美或者风雨再大，也移不到今日的画册，我们为何不好好把握现在，充满希望地面对未来呢？

第四章 让躁动的生命懂得庄重，让泛滥的情感学会矜持

shenghuo
xuyao
yishigan

拒绝轻浮，用仪式感给自己的爱情加冕

爱情是神圣的，我们尤其要怀有仪式感，认真地对待爱情，虚假不得，轻浮不得，玩弄不得，不要因为寂寞去相爱，不要因为贪欲去相爱。爱情既要勇敢地去付出，也要谨慎地去应对。

小娜空窗期有一段日子了。她开始周旋在几个男人之间，和他们不断暧昧着。然而，独自回家的时候，还是感到寂寞。

周末小娜到乡野间漫游。在参天大树下，看到点点光芒。那是一朵黄色的小雏菊，一种生命力非常顽强的花，在没有人关注，也没有人欣赏的情况下，它就那么独自怒放着，它是在开给自己看啊。不管有没有人呵护它，它在自然的洗礼下，都不吵不闹，静静地舒展着、绽放着美丽的身躯。

那一刻，她猛然醒悟，她也可以做一朵孤芳自赏的花！她想：失去工作，失去爱情，我还有尊严啊，我这么年轻，怎么能这么自甘堕落？我的生活没有人欣赏，我完全可以自己欣赏啊！

想到这里，小娜心里豁然开朗，就如同佛家所说的：顿悟。

于是回到市里，小娜到商场买了几身合适的衣服，把以前不用的化妆品都找了出来，把自己打扮得焕然一新。看着镜子中的自己，她仿佛看到了一个全新的自我，于是她决定快乐起来，每天打扮得漂漂亮亮，并且让自己有一个好心情。

做一朵静静开放的花。这句话就像一缕和煦的春风，拂过小娜心中那愤愤不平的冰凌，慢慢地将它们融化。是的，纵然自己的才华无人欣赏，那么，就自己欣赏吧，那也是一种美丽。

小娜不再怨天尤人，而是脚踏实地地做人、做事。在银行工作的小娜仍很努力地完成任务，仍不断地写一些建设性的文章贴在内部网上，她真诚地做一些让自己欣赏的事情，而不再在乎别人的评价，不再计较得失，宠辱不惊地做着一朵孤芳自赏的花。

在一次联谊聚会中，小娜遇到了现在的丈夫。一个优秀的男人向她表示了他的爱慕。他说：当初一见你，就觉得你的心中是有独自绽放的美好的。小娜淡淡地笑了。

是啊，无论是否在恋爱中，我们都要爱自己，不要举止轻浮，对爱情要保留一份起码的仪式感。在失意的日子里，不要自暴自弃。当我们学会欣赏自己、让自己坦然地面对爱人、直视心中小小的角落时，一切美好都将朝我们而来。

爱他，就用你自己的仪式真诚勇敢地表达出来

沈从文先生与张兆和的爱情堪称文坛上的一段佳话。1928 年，沈从文经徐志摩介绍，由胡适先生安排，在上海的私立中国公学教书。在这里，他遇到当时作为他学生的年轻貌美的张兆和，在一见钟情后深深爱上了她。张兆和的父亲张吉友在苏州富甲一方，甚有名望。而当时 18 岁的张兆和聪明可爱，单纯任性，身后有许多追求者，她把他们编成了“青蛙一号”“青蛙二号”“青蛙三号”。她的二姐张允和取笑说沈从文大约只能排为“癞蛤蟆第十三号”。

但其貌不扬、一介穷教师的沈从文在经过了一番痛苦的思考后，还是勇敢地拿起笔来，对张兆和展开了旷日持久的“情书进攻”。张兆和招架不住，告到校长胡适那去了。胡适虽然自己是包办婚姻，但此时却笑着说，他只是顽固地爱你。张兆和很干脆地回答，我顽固地不爱他。不过沈从文并没有气馁，依然执着地表达着自己的爱意。直到 1932 年，经过长达 4 年多坚持不懈的追求，正所谓“精诚所至，金石为开”，沈从文的真诚终于打动了张兆和，最终赢得了自己的爱情。爱，不仅要有发自内心的真诚，还需要勇敢地表白，正如沈从文对张兆和的“爱的进攻”。

如果当初沈从文把那份爱埋在了心底，那他和张兆和就只有擦身而过的遗憾了。

假如你现在非常爱一个人，不管你已经付出了多少，你的爱情都不会枯竭，依然会那么浓烈、那么深厚。为了这份爱，你可以容忍一切、相信一切、期待一切，承受一切……这就是永远存在于你心中的最具力量的爱。荷兰足球明星克鲁伊夫曾5次被评为荷兰“足球先生”，3次被评为欧洲“足球先生”。他风度翩翩，言谈举止十分得体。他曾收到许多姑娘的情书，但他没有理会，因为他要在绿茵场上奔跑。一次，他收到一个用裘皮精装的日记本。每一页上都只有一个名字，他自己亲笔写的名字——克鲁伊夫。一直翻到最后才有一篇文章，那秀丽流畅的笔迹使克鲁伊夫惊诧不已，他一口气读完了它：“我已经看过你踢了100多场球，每一场都要求你签名，而且也得到了，我多么幸运啊！当然，对于拥有无数崇拜者的你来说，我是微不足道的一个，‘爱是群星向天使的膜拜’，但我敢说，我是最有心计的一个，我多么希望你对我已经有一点印象呵……”“坦率地说，我爱你，这封信花了我整整一个星期，我曾经在月下彷徨，曾经在玫瑰园惆怅，也曾经在王子公园徘徊，好多次想念着你。我毕竟才19岁，少女的羞涩仍不时漾上脸来，心中只有恐惧和向往……现在，爱神驱使我寄出这个本子。”“如果你不能接受我奉上的爱情，请把这个本子还给我，那上面‘克鲁伊夫’的名字会给我破碎的心一半的慰藉，那另一半就是你，我多么想也得到那另一半啊……”

这封信字里行间流露出的真挚感情，深深打动了克鲁伊夫。一星期后，在王妃公园的马达卡亚塑像旁，克鲁伊夫和丹妮·考斯特尔相会了。21 岁的世界足球明星和 19 岁的美丽姑娘一见钟情，遂定金石之盟。克鲁伊夫和丹妮·考斯特尔美丽的爱情故事告诉我们，爱不是等来的，而是要你的行动、创造和努力。勇敢地表白，用心地示爱，你将早日摘下爱情的果子。

男女之间，热烈地向对方表白，常常能叩开对方的心扉，推动双方关系发展到一个新的阶段。恋爱之中的诚恳表白则更能营造温情脉脉的氛围，巩固和加深彼此的感情。

因此，不要再把内心的爱深藏，真诚而勇敢地表达出来，也许会有惊喜的结果等着你。

暧昧很近，爱情很远

不知道什么时候，我们成了城市里的迷途天使，孤独异常，但却无法找到靠岸的归属。

有一个男孩曾十分委屈地跟朋友们说，有女孩骗了他，在和他恋爱的时候还和其他男孩好着。朋友们当时很吃惊，不明白女孩子为什么要这么做，也很同情他。可是后来，当听说他抛弃了一个全心全意对他好的女孩时，才终于醒悟了。

在这个世界上，你不伤害别人，势必就会被别人伤害。女孩的坏很多时候是被男人逼出来的。许多女孩子脚踏几只船，并非是因为花心，只是因为心中没有安全感。青春易逝，稍不小心就会过了结婚的年龄。现在很多女孩都在不知不觉中沦为了剩女，没有失恋的沉没成本。年龄已经大了，如果再经历失恋的话会很危险的。所以，很多女孩子被迫选择了脚踏几只船的暧昧方式，一只船没了，还有其他船可以选择。

只可惜，善良是女孩子的天性。脚踏几只船的时候，心里难免会有一些罪恶感，所以不敢深入，害怕伤害到其中的任何人。所以只能选择暧昧，徘徊在似有似无之间，游离于若即若离之中。没有承诺，向往结果却害怕承担不好的后果。同时也害怕太过于主动和热情，一锤定音了，会让男孩子觉得太容易得到了反而转身去追逐其他猎物。这种暧昧，说远不远，说近不近，找不到任何进或退的理由，有时候越来越近，却也越来越不知道该怎么相处。近了，会受伤；远了，舍不得，怎样的取舍好像都是不对的。

原本女孩们还心存愧疚，可是抬眼才发现，男孩们玩暧昧的境界比女孩子高出了不知多少等级。于是，他们见面，他们牵手，他们拥抱，他们接吻，但他们却不明白这是种什么关系。他们是各自的两个人，谁也不是谁的。她过她的生活，他继续和很多人见面、约会。他们就好像是花丛中的蝴蝶，看似相互追逐，却谁也追不上谁。于是，大家都在花眼中一路错过，谁也找不到归属，继续在暧昧中孤独流浪，流离失所。

暧昧离拥有很远。对于喜欢游戏的人来说，它很甜很甜。但是对于需要归属的人来说，它却是甜到了忧伤。在这个时代，那些疯狂追求感情的人，换来的却是嘲弄的眼神，痴情的人更是被永远钉在了耻辱柱上。暧昧还是爱情？向左走，还是向右走？心中的不确定感如何才能得到安抚？

也许，每个人的心中都渴望一份坚定的爱。没有承诺的爱情，令人心生寒冷。尽管这个变数巨大、诱惑巨多的社会实在无法让人心生安宁，拥有长时期的安全感，但是脚踏几只船也是靠不了岸的。在城市中生活的每个女孩子其实都挺累的，暧昧需要分出的时间和精力实在太多了，也太容易耽误时间。仔细想想，无论恋爱还是婚姻其实都是一场豪赌，都是有风险的。与其暧昧到了忧伤，不如找一个相对有安全感、相对靠谱一点的男孩来好好地爱。赌赢了，花好月圆，顺利走上婚姻的红地毯；赌输了就愿赌服输，寻找下一个人来爱。

除非你还非常年轻，否则千万不要搞马拉松式的恋情，你耗不起。速战速决，打败了赶紧走人，不要恋战。永远对能爱的人充满深情，对无法继续再爱的人绝情到底！如果他不爱你了，你的痴情会显得更加的可笑可悲。

制造邂逅，上演属于你的爱情剧

电视剧中，总有那么一些执着追爱的男孩，挖空心思地打探心仪的女孩的一切信息，通过制造一些美丽或不美丽的邂逅，走进女孩的生活，进而渐渐走进女孩的心扉。制造美丽的邂逅，并非男人的专利，女人同样可以反被动为主动，大胆制造浪漫的邂逅，为自己的感情生活带来意想不到的甜蜜。

小清住在一家医院附近，她看中了医院里的一个年轻男医生，却苦于找不到合适的机会接近他，后来她终于想到了一个接近他的办法。

某一天，一个女孩双手抱满了东西，和迎面匆匆而来的男人撞了一个满怀，东西散落一地。这个女孩就是小清，而男人就是那个医生。男人在帮她捡拾起地上散落的物品之后，连声为自己的不小心向小清道歉。小清则是一脸害羞又通情达理的样子："没关系，你也是有急事才赶成这样的。"

初次的计划成功之后，小清又每天在医院下班的时间牵着小狗在附近徘徊，几乎每天都能遇见那个年轻的医生，两个人很快熟识起来，发现彼此的性格很合拍，不久就成了恋人。不要忽视浪漫邂逅在爱情中的力量，灰姑娘会遇见王子，白娘子会遇上许仙，朱丽叶会邂逅罗密欧……很多恋爱，都是始于邂逅！

制造邂逅，从某个角度来说，就是在人为地制造情分或缘分。自己制造的邂逅比真实的邂逅更能成就二十几岁的年轻人的爱情。在这场邂逅中，主动出击者能把主动权牢牢抓在手里，事先打探对方的喜好，在衣着打扮上都迎合对方，仪态、风度会落落大方，自信优美，令人欣赏，能在对方心里留下一个美好的印象，甚至可能让对方惊喜不已。

制造爱情的邂逅更是要本着“不打无把握之仗”的原则，精心准备，做好每一个细节，才不至于弄巧成拙。阿雅暗恋一个男孩，每天都想着如何与他见面，她常常去男孩路过的地方等候他。终于有一天，她等到了，可是，她等来的不是美丽的邂逅，而是尴尬不已的窘况。她穿着一件宽大的花苞裙，因为太大使得她看着像一个孕妇，她长长的卷发毛躁枯黄，随意披散着，看着像一个鸟巢，脚上则拖拉着一双人字拖。男孩见到她的时候眼神里闪过了一丝惊讶，却非惊喜。而阿雅当即就呆住了，她心里只想立即找个地洞钻下去，哪里还敢和男孩搭讪？阿雅成天想着能与他邂逅，却根本没有想过该怎样营造美丽的邂逅。男孩没再多瞥阿雅一眼，就走开了。准备不充分的阿雅，就这样失掉了美丽的爱情邂逅。阿雅的失败就在于她没有充分地做好准备。

浪漫的邂逅需要精心准备，但又要让对方看不出一丝“人工操作”的痕迹，让对方感觉像是上天的安排。二十几岁的年轻人，想要学习高超的制造邂逅的技巧，不妨向白娘子学习一番，当白娘子看上许仙的时候，为了制造浪漫的邂逅，她先施了一次法术，来了一场“人工降雨”，然后再去羞答答地跟许仙“借伞”。这样一来，她的美丽就从容地映入了许仙的眼帘，进而攻破了他的爱情心防。

总之，动点爱情的小心思，导演一场和心仪对象的美丽邂逅，上演属于你的爱情剧吧。

距离产生美，天天相恋但不要天天相见

有生物学家做过这样一个实验，在寒冷的季节里，把十几只刺猬放到户外的空地上，这些小家伙们冻得瑟瑟发抖，于是紧紧靠在一起互相取暖，可因为忍受不了彼此身上的硬刺，只好又各自分开。没过多久，忍受不住寒冷的刺猬又靠在了一起，被彼此的硬刺扎得疼了，又分开。就这样分分合合反复了好几次，刺猬们终于找到了一个适当的距离，既可以相互取暖，又不至于扎伤对方。

恋人之间也是如此，最亲密的距离往往不是最温暖的距离。

两个人的生活，有时需要一点一张一弛的智慧、欲擒故纵的技巧。天天耳鬓厮磨的两个人，很容易在一日三餐的平淡生活中消磨了爱情的滋味。“小别胜新婚”，这话不无道理。有时候，适当的距离不是爱情的天敌，反而恰恰是爱情可以仰仗的保鲜剂。

洋洋的男友马明是个海员，两人刚开始恋爱的时候成天黏在一起，马明经常请假不出海陪着洋洋，洋洋也是一有时间就和马明腻在一起。后来马明觉得自己应该多花些心思在工作上，出海的次数越来越多，洋洋开始恐慌，加倍地“关心”阿明：今天去了什么地方、什么时候回来、放假一定要回来陪我、你回来我去接你……而马明面对洋洋无限逼近的爱，选择了逃避。一次大醉之后，马明冲洋洋大吼：“别跟着我了，一点自由都没有了，我是你男朋友，不是你囚禁的犯人。”爱，需要亲密，也需要空间来呼吸。古人说得好：两情若是久长时，又岂在朝朝暮暮。明智的二十几岁的年轻人，懂得适当地制造一些空间距离。不要因为担心失去对方就整天缠着他（她），适当地给对方一些自由。每个人都有自己的朋友圈子，有自己的事情要做，也有需要一个人静下来思考、不被人打扰的时候，两个人偶尔分开，才有时间处理好自己的事情，再见时，反而有“一日不见如隔三秋”的感觉。

畅销书《男人来自火星，女人来自金星》的作者约翰·格雷曾形容男人如钟摆。陷入亲密关系的男人，总会时不时地幻想独处的乐趣和自由，在满足了独处的需要后，又会向往亲密，如同钟摆，在“亲密”与“独处”之间来回摆动。男人最怕英雄气短儿女情长，一旦整日和恋人卿卿我我，内心就会拉响警报，男人即使再深爱一个女人，也会周期性地选择“逃避”，在此之后，才会对女人更加亲密。而男人之所以“逃避”，是要满足“独处”和“自省”的需要。

每个女人都有自己的闺蜜，每个男人也都有一个属于自己的“洞穴”。当他们遭遇压力或者困惑不安时，女人也许会找自己的闺蜜倾诉，而男人们可能会长时间地独处，变成一声不吭的“洞穴动物”。这并不是变心，也不是不爱对方，二十几岁的女人不必疑神疑鬼地认为对方见异思迁。这时候，你需要做的只是安心地等候，做做自己的事情，没过多久就会想起彼此的好，流淌出往日的柔情。

两个人的距离很远，有人同床异梦；两个人的距离又很近，有人天涯咫尺。即使相爱的两个人，也是两个独立的人，不可能合二为一，不可能真正的亲密无间。留一点空间让彼此想念，想念让爱情升温，何乐而不为呢?

恋爱不是求职，情场不宜广撒网

爱得太多，是会麻木的。男女朋友换得太多，换到最后，要么感叹：还是原来的那个最好，要么发现自己的眼光越来越“毒”，阅人无数过后，对方的秉性特点都了然于胸，到最后，反而丧失了爱下去的勇气。

身边不乏这样的例子，没有找到心中的白马王子，遇到一个还不错的人，即使心里并不想和他共度一生，还是勉强答应，然后继续睁大双眼四处搜索，等到更好的目标出现。他们会说："大家年龄都不小了，只一对一的拍拖肯定不行！你要全面撒网，重点培养，多线发展，齐头并进，最后选定一个结婚。找工作跳槽要骑驴找马，恋爱也是。"其实谁都不比谁傻，一到周末或者情人节，你就得去"加班、出差"，谁不明白啊？两人在一起时，手机都是震动或者无声，都是现代社会恋爱多次的人，谁比谁傻啊？

你身边是不是有很多人，他们明明不够相爱，却还在一起，问起来，他们会说，先处着吧，等找到了好的再换。文艺作品中也有不少这样的案例，一个女的先跟一个男的在一起，然后，忽然有一天，碰到一个更好的，拍拍屁股就走了，只是走的人轻松，那个曾跟你在一起的人，你有没有想过他的感受？

骑驴找马，一度成为一种风气。好多年轻人都这样做，他们觉得骑驴找马是天经地义的，而且，也认为这是很聪明的做法。不找？那才是傻子。骑驴找马的人，一旦找到马，就会很开心，并且，对之前的驴再没多少感情；一旦找到马，还可能向别人炫耀，甚至开班授课，向自己的同学、朋友、闺蜜传经。

可别以为骑驴找马一定可以找到马，就我们身边的情况来看，有的人确实能找到，有的人却找不到。有些人总觉得自己可以换个更好的伴侣，结果，却跟之前的那个人在一起，说爱也不怎么爱，要分开，似乎有点难度，因为已经习惯了。再说，年华也已经耗去了，还有什么机会和勇气？事实上，骑驴找马，有可能会碰到下面这些情况；

一是你找的马有可能是驴的朋友，这个时候，你还有可能联系马吗？

二是你要找的马有可能也是其他人的驴，所以，他未必抽得开身。

三是当你骑驴找马的时候，马看到你跟别人在一起，马率先就排除了你。

可能情况还很多，不再列举了。

而最可怕的是，当你跟驴在一起的时候，你的身上会沾染驴的气息，那么，马嗅到了你身上的这种气息，马不一定喜欢，所以，跟驴在一起久了，便丧失了跟马在一起时所需要的那种气味。

所以，骑驴找马，并不是明智的做法。有时候到最后，你马没找到，驴也失去了，只找到一头猪，这个时候，也许你就会后悔自己的做法了！广泛撒网重点捕捞或许是求职的诀窍，但恋爱毕竟不是求职，心计策略太重，很容易失去真正的缘分。

可以恋爱 N 次，但不可滥爱一次

对于每个期待恋爱的人而言，如果一出门就能碰到自己命中注定的那个人，必然是好事。但是，爱情是个难题，往往我们要经历许多次“爱了、聚了、散了”，才能遇到命中注定的另一半，才能与之携手到老。所以，你可以完成N次恋爱，谨慎挑选自己的婚姻伴侣。

择偶有时候就像在市场上买东西，有的人一进市场，看见商品买完就走，他们不知道前面可能会有更适合自己的质优价廉的商品，一旦发现时就后悔不迭。而有的人不同，他们懂得在市场里挑挑拣拣、货比三家，最后挑中的货物一定是自己不会后悔的。吴鑫从大学到现在为止，谈了不少男朋友，很多不了解她的人都觉得她太过“花心”，连她妈妈也担心她这样挑来挑去，会把自己的美好姻缘都错过了。

但是吴鑫却不这样认为。她总结了一下自己的性格：她有点强势，所以找的老公不能太大男子主义；她喜欢自由，所以老公应有自己的事业，不能老守着她；她喜欢浪漫，所以老公也不能太木讷。

而这些经验就是从她以前的恋爱经历里得出来的，所以，现在吴鑫认准了目标后，就开始了耐心的等待。

后来，同事给她介绍了全俊表。虽然他没有以前的男朋友有钱，也没有以前的男朋友帅气，但他性格温和，也有一份稳定的职业，同时也挺懂幽默的。几次接触之后，吴鑫就对他倾心了，而全俊表也对她挺来电的。所以两人在交往一年后，结婚了。

听到吴鑫结婚的消息，她身边的人都很吃惊，以为她挑来挑去会选一个有钱又帅气的，所以她们都认为像她这种“高眼光”、“花心”的女孩，肯定过不了几天就离婚了。但是吴鑫和全俊表的日子却过得温馨甜蜜，羡煞旁人。

正如吴鑫自己所说的:“虽然我喜欢挑挑拣拣，但我并没有哪一次是滥爱，我没有拿自己的爱情开玩笑。我只是要从自己的多次恋爱里归纳最适合自己的类型，然后一旦看中后就会赶紧决定，如果被别人捷足先登了，岂不是浪费自己之前投入的时间和精力？”在不知道什么样的人适合自己之前，可以多挑拣挑拣，但是绝不可以滥爱，不能因为寂寞就随便凑合，不能因为所谓的爱情就放弃守护底线，不能为了找到更好的男人而脚踩几条船，更不能为了图安逸和收益就嫁个有钱又像老爸的老男人。张爱玲曾经说过：我要让你知道，在这个世界上，永远会有一个人等着你，无论在什么时候，无论你在什么地方，反正总会有这样一个人。所以，未婚的人不愁嫁，何必把自己的青春浪费在不值得托付终身的人身上呢?

所以你可以 N 次恋爱，但不可一次滥爱，你虽然无法左右别人对自己负不负责，但是你自己一定要对自己负责。

没有仪式感的爱只能是苟且

没有婚姻的人生是不完整的人生，因此婚姻对于年轻人来说十分重要。同时，婚姻也会对我们整个人生产生重大的影响，好的婚姻让我们生活得幸福快乐，而不好的婚姻则让我们的生活充满悲伤痛苦。因此，我们要谨慎对待自己的婚姻，要理性选择自己的终身伴侣。

选择终身伴侣的第一个前提是：对方要是个“自由身”。“自由身”就是可以自由和你交往，没有结婚、没有订婚、没有固定的交往对象、单身并且只和你交往的人。如果你爱上的那个男人答应会早点和另一个女人分手；或是说他不爱那个女人，他爱的是你；或是他原来的对象接受你的存在，他们不打算分手，但他想跟你在一起一阵子；或是他刚分手，但可能破镜重圆……这些都不是自由身。

千万别和已婚或有对象的人交往，不管是什么借口，结果都会一样，这注定会让你心碎。因为，你只是接收了另一个人用剩的部分。林丽是一家大医院的护士，她长得文静、漂亮，又十分善解人意，但是她性格内向，再加上单纯的工作环境，使她一直没有交到合适的男朋友。

在林丽二十五六岁时，她的朋友就劝她，一定要走出生活圈，多参加一些社团活动，这样才有机会认识合适的男性。后来，林丽果真主动参加了当地的社交舞社团，也认真、热心地担任组织者。

可是，林丽热心投入社交舞之后，竟然不知不觉地喜欢上了教舞蹈的男老师。就这样，林丽每次舞会都准时到，绝不缺席，而上完课，老师也会陪着她一起去吃宵夜，并送她回家。慢慢地，林丽竟然爱上了那个老师。

爱让人疯狂！林丽虽然知道老师已经结婚，可是，她对老师的爱慕愈来愈深，而且已经无法自拔了！

在多次的激情过后，林丽怀孕了。然而，老师说："你要自己去解决——去堕胎，我没时间，也不方便，因为我太太已经开始怀疑我了，她已经在监视我的行踪了，所以，你要自己去做掉孩子！"

林丽伤心欲绝，可是，那老师硬是不出面，就是撒手不管。林丽只好自己去找了一家妇产科医院，独自去堕胎，之后回家休养。

从此以后，林丽就经常打电话到老师家骚扰，故意接通后不出声、不说话。有时，也在老师家门口等他、堵他，要他多陪陪她。

后来，林丽不再参加社交舞班了，可是，她仍然是老师的"情妇"，她天天期待老师抽空来和她"幽会"。

有一天，林丽在医院上班时，老师的太太突然跑到她的办公室里，破口大骂："你这个死不要脸的女人，居然敢勾引别人的老公！你想男人想疯了是不是……"

老师的太太在医院这么一闹，全医院的医生、护士都知道了："天啊，原来林丽不是外表那样的乖巧、文静，她竟然和别的男人搞在一起，偷人家的老公！"

林丽虽然觉得辛苦，可是，她就是无法痛下决心，离开那个老师。她的伤痛至今在继续着……看到故事后，我们都会为林丽感到不值，好好的一个姑娘，怎么就把自己幸福的钥匙交给了一个已婚的男人？感情是珍贵而又容易枯竭的，请珍惜你的感情，别把它浪费在不适合的人身上。当你感觉对方已不合适，可以自己选择离开，这又何尝不是一种洒脱呢？

一个女孩发现和自己订婚的男孩爱上了另一个女孩，并且也没有可能回心转意了。于是她将自己打扮得非常动人，然后约他见面。他看见她的样子，竟被迷住了。然而她却在这最美的时候向他提出了分手，转身离开，留下了一个洒脱的背影，他愣在了原地。而她，正因为这个转身，为自己留下了一份尊严和一份从容。

当你发现对方不适合了，不要一味地忍让和包容，这样只会让对方更加肆无忌惮。受了伤害，就有权离开。不爱了，就要果断，和不适合的人分开，才可以给自己机会去遇见合适的人。

保留对幸福爱情的憧憬

这是一个快餐恋爱的时代，随着汹涌的恋爱潮流，不少曾受过爱情伤害的年轻人正处于矛盾之中，有人一朝被蛇咬，十年怕井绳，有人视爱情为生命，要将爱情进行到底，究竟选择哪种生活方式才是明智的呢？

生活中，恋爱是极平常的事。一般在我们真正找到自己的另一半之前，要分手三次到四次。年轻人不能因为曾经失败的恋爱经历而对恋爱有恐惧感。只要相互了解对方的经历、人品性格、情感好恶以及今后的打算，特别是要了解清楚是否情趣相投、志同道合，气质性格和价值观念是否相合。如果符合自己的要求，双方在此基础上的相处才能心心相印，才能美满幸福地步入婚姻的殿堂。

同时，要树立正确的恋爱动机。恋爱的重点应放在情趣相投、志同道合方面，这种感情是炽热而持久的。只有建立在真正、深厚的爱情基础上的、为的是给予对方而不是索取的婚姻，才会使恋爱的两人感情和谐、融洽，让生活更充实、更幸福。那些建立在图实惠和金钱的平庸交易关系基础上的恋爱是不牢靠的。

因此，恋爱必须以正确的婚恋观为前提。以真挚的爱情为基础，恋爱才会天长地久。最后，双方要相互尊重、信赖、谦让、忠贞、理解。

有一位女性讲述了她幸福的再婚故事：曾经有朋友好心地提醒过我，再婚夫妻的爱情，不是轻而易举就可以得到和保有的。可是我和老公都认为，只要双方努力去做，爱情就能够在互动中进入一个良性循环的轨道。

再婚家庭有两大矛盾：一是经济问题，一是子女问题。可是经过我们俩的努力，这两个矛盾都没有发生，4年过去了，我们一家人其乐融融。

虽然在经济上仍然各自独立，也不那么绝对。其实，花钱给对方买些东西已经成为表达感情的需要。有时候，我们在外面吃饭，老公总是抢着买单，后来我们约定：轮流买单，买单的不许点菜。他张罗买单时，我只点两菜一汤，吃着顺口的回家就照着做。虽然各自为政，但彼此都为对方着想。

我很快进入了妻子的角色，把家务都尽我所能地担起来，该添置换季衣服了，我和老公就带上女儿，三个人一起奔向商场，精心挑选一番后，大包小包，满载而归。就这样，很大程度上促进了我们夫妻的感情。

曾经沧海之后，他和我比任何人都懂得平凡夫妻的幸福来之不易。如果别人问我们，我们反复提到的两个词就是——珍惜和志同道合。

这位女性的再婚是以爱情为基础的，并且他们懂得珍惜和志同道合，所以，他们得到了幸福。

有些年轻人在恋爱失败后，会产生以下两种心理：

1. 藕断丝连心理

如果第一次恋爱时双方感情较好，因一方意外有了外遇或别的原因而分手，虽然没有关系了，但还是会思念对方。当第二次恋爱生活或感情不满意时，就会想起过去的美好，藕断丝连。

2. 对比心理

由于对第一次恋爱不满意，再恋爱时就会想出明确的目标，把新男女朋友的缺点拿来跟前任的优点比，这样很容易产生失望情绪。

以上所说的两种心理状态，是每一位恋爱者都需要努力去克服的，如果你存有这些心态，那很可能就为你的恋爱生活埋下不幸的伏笔，所以，一定要花一些时间调整好自己的心态，不要急于找下一个恋爱对象，而是要给下一次恋爱找个正确的理由。

如果你认为自己曾被爱情伤害过，也不要失去对爱情的憧憬，要相信月老总有一天会把属于你的红线放在你手中。

相濡以沫，还是相忘于江湖

世界上只有两种可以称之为浪漫的情感，一种叫相濡以沫，另一种叫相忘于江湖。没有早一步也没有晚一步，于千万人之中，邂逅了自己的爱人，那是太难得的缘分。如果失之交臂，恐怕一生也不得轻松！

张爱玲小说《半生缘》里的曼桢和世钧，明明相爱，却因命运的捉弄使他们各奔东西，多年以后他们再次相见，痛苦万分，追悔不及，只剩遗憾。也许世间最大的悲剧莫过于两个相恋的人不能牵手一生一世，但是正因为有了遗憾，那份情义才越发显得弥足珍贵，既浸入骨髓又超然永恒。

命运太过于难测，一个小小的变数，就可以完全改变选择的方向。一个任性的转身，也许就是一辈子的错过。错过了一瞬，可能就错过了这一生。所以，在还能够拥有的时候，还能够爱的时候，一定要珍惜，一定要争取和最爱的人相濡以沫。如若不能，就请放过，因为错过的一切都如同错过的时光一样，无法找回。

人生中最令人惋惜的莫过于，因为错过了一棵树，而错过了整片森林；因为摘不到一颗星星，而放弃了整片天空。等年华不再才发现，因为错过一次，所以错过了所有。如果那个人能与你相濡以沫，一生只爱你一个人，那是人生中最大的完满。但是，如若一生只爱一个永远得不到的人，那只是一种激烈的偏执。

人的一生可以爱上很多人，等我们获得真正属于我们的幸福之后，自然会明白以前的放弃其实是一种更好的得到，没有遗憾。痛过了，才会懂得如何保护自己；傻过了，才会懂得适时地坚持与放弃。不能相濡以沫，就一定要相忘于江湖，否则，只会错过更多。

在《乱世佳人》里，斯嘉丽狂热地爱上了艾希礼。每次遇到艾希礼，她都恨不得把自己全部的热情都倾注到他的身上。她大胆地向艾希礼表达了自己的爱慕。艾希礼虽然承认斯嘉丽很吸引人，但却认为梅兰更适合自己。他结婚了，新娘不是她，可斯嘉丽对艾希礼的爱恋依然执着，没有丝毫的减弱。因为对艾希礼的爱，她漠视了白瑞德对她的爱。尽管他们结婚了，尽管白瑞德非常爱她，她却始终感觉不到幸福，一直不肯对白瑞德付出真爱。直到白瑞德最终离开她的时候，她才发现：自己最爱的人居然是白瑞德，而加艾希礼是那么的无足轻重。但是，一切都已经晚了。

很多时候，我们总是自觉不自觉地把得不到的东西当成是宝贝，却把容易得到的东西当成理所当然的，不知道珍惜，一错再错，结果错过更多。

所以，错过了，就一定要坚定地放过。与不爱的人相忘于江湖，才能有机会与相爱的人相濡以沫。有的东西你再喜欢也不会属于你，有的东西你再留恋也注定要放弃，人生中有很多种爱，但别让爱成为一种伤害。

让自己幸福，是最好的“报复”

近年来，演艺圈内屡屡爆出某某歌手、某某影星为情自杀，于是很多人在听到这些消息后纷纷感慨：看来感情还是不沾为好。

可是，不管别人的感情给了我们怎样的启示，我们因其他人的恋爱悲剧怎样唏嘘感叹，当我们走进感情的世界，也可能会变得不够理智，从别人那里学到的经验和技巧，一时间都不能发挥出理想的作用。所以，尽管在爱情的世界里发生的故事有着很大的雷同性，可是每个人都能从中得到不一样的体会，并且对那些体会乐此不疲。

有句话说：“给你一点阳光，你就春光灿烂；给你一个微笑，你就感情泛滥。”这就好比经济学中的“乘法效应”。两个深陷爱河里的人，眼睛里看到的都是“爱”。对方给予一个笑脸，是对自己的肯定；给予一种忧伤，也会认为是在为能否给自己幸福而担忧吧。只要一牵手，就能想到一辈子：结婚，生孩子，白头偕老。唱着周惠的《约定》，憧憬着《最浪漫的事》，也许两个人幸福的瞬间，就是在走不动的时候还能彼此相扶吧。

《诗经》有云：

彼采葛兮，一日不见，如三月兮。

彼采萧兮，一日不见，如三秋兮。

彼采艾兮，一日不见，如三岁兮。

这段文字的意思是：那采葛的人啊，一天看不到，就如同三个月看不见；那采萧的人啊，一天看不到，如同隔了三个秋天；那采艾的人啊，一天看不见，如同隔了三年。诗中描述了一个男子对恋人的牵挂，以至于一天见不到，就好像丢了自己的魂魄一样，时时刻刻都受着等待的煎熬。这种写作手法虽然夸张，但是却形象生动地体现出了情人之间那种一刻也不愿分离的心态。直到今天，很多恋人仍然拿“一日不见，如隔三秋”来表现自己对对方的思念。这种“乘法效应”，充满了甜美，也充满了幸福的感情。

经历过爱情的人，都想沉浸在幸福里。哪怕只是一场春梦，也不愿意从中醒过来。所以，当面对分手的时候，人们是多么想要将时光逆转，从当前撕心裂肺的痛苦中回到以前的甜蜜。可是感情就像人的身体一样，会疲劳，也会生病。每一段感情都多多少少有些病症，只是有些比较轻、有些比较重。发现的时候，我们可以给它吃药、打针，甚至动手术，想尽办法要让它恢复健康。可是如果它已经进入了绝症的晚期，那又能怎么办呢？

分手的人，总会以为自己处在了悬崖边上，不会再有人拯救自己，于是很多人那么轻易地就放弃了自己的生命，一如翁美玲，一如陈琳。可是在这个视婚姻如儿戏的时代里，离异的人成群结队，一波波来，一波波去，谁不是在黑暗中独自舔舐自己的伤口，又在白天里坚强的欢笑？

宋丹丹说："时间是一种残酷的东西，它把曾让你心碎、让你长眠、让你坚定不移地确信永不更改的生活变成一个个梦，似真似幻，遥远而模糊，而人永远生活在今天，今天才是现实。"既然时间能够推走一切，那些曾经让你难过、让你心碎的情感也终究会成为一串记忆的风铃，那么，何不在面对的时候多一点坚强、多一点洒脱呢？

千里我独行，不必相送，更不必再用多余的暧昧牵绊住分离的脚步。遇到合适的人，尽管可能已经押上了自己的全部，可是当苦痛来临的时候，也要活出自己的坚强。

要挽回一个变心的人，有时候比重新爱上一个人更难。曾爱过的人放弃了我们，已经把我们推入痛苦的深渊，就别再指望他能发善心把我们给救上来。这个时候，最好的方法就是放下那根折断的稻草，重新抓住一根再爬上来。

死亡并不是对负心人最好的报复，放弃自己也不会赢得更多的怜悯。在面对新人的欢笑的时候，他早就把对你的内疚忘到脑后去了。如果我们想在负心人面前活得有点尊严的话，唯一的方法就是让自己更幸福！

第五章

日常的浪漫仪式是爱情的保鲜剂，婚姻的防腐剂

shenghuo
xuyao
yishigan

婚姻里，浪漫才是最高的仪式感

婚姻需要浪漫，倦怠期更需要浪漫。没有浪漫的婚姻，只能死气沉沉，而添加浪漫后，婚姻应该是充满活力和情趣的。

如果说婚姻是一件易碎的瓷器，浪漫就是它的黏合剂；如果说婚姻是一项投资，浪漫也应纳入成本，而且它会产生双倍的效益。在婚姻这座围城里，假如只有柴米油盐酱醋茶，难免会感到沉闷和琐碎。而浪漫就像绿树和鲜花，让这座围城春光烂漫、美丽如画。

如何在婚姻步入倦怠期后，在婚姻中制造浪漫呢？

1. 安排一些“浪漫时光”

与爱人在一起散步，每天花 30 分钟锻炼身体、交流感情、放松情绪、交换意见、构想目标、消除误解，最好能手拉手。

和爱人一起做一些新鲜有趣的事情。去一家新餐馆，吃一道风味不同的菜；听一场音乐会，度一个独特的假期；和爱人一起参加学习班，学些你们两个都打算并盼望去学的东西。一起学习，会让你们更加愉快。

另外，送他一些小礼物。订阅一份杂志，买一本特别的书；

送一束鲜花，共享奇特的经历，奉上喜爱的食品；写爱情便笺等。把这些便笺藏在家中的各个角落——衣服里、口袋里、厨房或抽屉里，以及一些秘密的地方等，不管怎样，要充分运用你的想象力，将爱情散播在生活的方方面面。

2. 在生活中寻找和制造笑料

因喜悦而笑，这笑也是你们可以一起享受的最快乐的事。笑会提升你的精神，鼓舞你的情绪，温暖你的心灵。两个人一起分享欢笑、庆祝生命的奇妙与喜悦，是人生的极致。在欢笑中，你们享受幸福，心灵随之连接在一起。记住，一起欢笑会净化心灵，那也是促成你们在一起的重要原因。所以，在日常生活中尽量找出一些幽默，一起欢笑。

3. 让对方伤伤心

在两性交往的过程中，轻易承诺往往对爱情有较大的杀伤力，因此适度地让对方伤心，可以让彼此的关系更具有弹性。但切记并不要让情人陷入绝望，其中分寸的把握要视对方能够承受多少压力而定。例如，当恋爱一方问起“你会爱我很久吗”这类问题时，你若明知未来有许多未知变数，却反而对他唱起“爱你一万年”，只怕日后感情生变，徒然落个薄幸之名。然而，如果你的回答是“我会尽量，但不保证”，也许对方在乍听之时会有些伤心，但是坦白的态度，将会让情感往更理性的路途发展，也能避免不必要的争吵。

4. 与对方打情骂俏

谈起爱情，每个人都以为自己是最认真的，然而在两人亲密相处的过程里，太严肃反而会造成不必要的压力。带点幽默感的恋爱，反而让人回味无穷。“沉默是金”虽是流传已久的谚语，但在爱情里并不适用，甜言蜜语可以说是点燃情欲的火苗。

5. 来些心血来潮的举动

用心血来潮的举动刺激平淡的生活是保持活力的一种办法，它不可预期，不需要掌控，却充满惊奇。

可以与爱人来些人为的小别。每隔一段时间找个借口外出一次，人为地制造一个思念的意境。小别一段时间，你和你的爱人之间，就如磁石的磁性被加强了一样，会更有吸引力。

为两人筹划一份惊喜，是表现关爱与创造回忆的最直接的方法。它能使伴侣在惊喜中陶醉于爱的美好，并留下一份浪漫记忆，而你在策划和执行的过程中也能得到很大的快乐。

理性与逻辑的部分消失了，你变得有点冲动、傻气，甚至有点疯狂、愚蠢，但感觉却会很好。在两性关系中，这样奇妙的感觉能让你们保持愉悦，不会陷入死寂。

当步入婚姻倦怠期，彼此言语少了，猜疑多了；理解少了，抱怨多了；激情少了，平淡多了；希望少了，失望多了。这时，主动给婚姻添加点浪漫“保鲜剂”，婚姻也就不再是人人敬而远之的围城，而是人人向往的快乐桃花源了。

婚姻不是一起默默走向暮年，而是每一处都有惊喜

你必须从零开始，重新礼貌、谦恭、和善地对待你的另一半，让你的伴侣在日常的仪式中感受到你的关爱。

生活中的喧闹和骚动，常常会让我们忽略了伴侣的感受，在一些细枝末节和日夜平凡的相处中，不经意间冷淡了对方或者对他 / 她显得过于粗鲁无礼。你可能会对自己的表现感到满意，觉得自己做到了彬彬有礼。但是，如果你没有真心地为对方着想，你不知道对方需要的是什么，那么你永远都不会令他 / 她满意。

如果你想赢得伴侣的心，让你们的生活充满阳光和生命力，那么你必须从零开始，重新礼貌、谦恭、和善地对待你的另一半。你应该找回自己最初对伴侣的尊重，在他 / 她的面前尽量显示出自己行为的得体和为人的机智，就像你将再次用友善和礼貌去打动或者感化他 / 她一样。从现在开始，你必须每天多说一些“请”“谢谢”“辛苦了”等词语，这些话语可能会让你感到有些“见外”，但是对于你的伴侣来说，他 / 她会感觉到你的关心和真诚；你还应该多为你的伴侣考虑，多多赞赏、夸奖他 / 她，让他 / 她感觉自己的努力被认同了；即使不是在特殊的日子，你也应该多买一些礼物送给你的另一半，让他 / 她感受到你的爱意；在你

的伴侣和你讲话的时候，你应该多问一些问题，向对方表明你对他 / 她的事情很关注等。

时常去关心你的伴侣的健康状况、幸福程度、他 / 她的梦想和希冀；关心对方的工作负担、兴趣爱好；常常陪伴在他 / 她的身旁，仔细聆听对方的诉说。你或许会觉得这样会浪费你不少的时间，但是这样做是值得的，你的伴侣会因此而感觉到你依然深爱着他 / 她，你们之间的关系也不会出现不和谐的声音。伴侣之间稳定的关系是我们在其他方面获得成功的一个基础和动力。

然而，我们中的很多人却不能做到这一点，他们对待陌生人的态度往往要比对待自己的另一半更为友好。他们绝不可能对客户或者工作中的伙伴说出锋利难听的语言，但是常常冲着自己的伴侣大喊大叫。想想吧，我们绝不会对陌生人说："不要再讲这种废话了！"也绝不会贸然打开朋友的信件或者窥探他们的隐私。只有家中的人、我们的伴侣，我们才会因为一些小的过失而羞辱他 / 她。实际上，伴侣才是我们最应好好对待的人，毕竟他 / 她对于我们来说才是这个世界上最重要的人，因为在人生的旅途中，他 / 她或许是伴随我们时间最长的人。从个人快乐的角度来看，伴侣关系其实比工作更加重要。俄国伟大的小说家德琴尼夫，他的著作为他赢得了世界范围内的赞誉，但是在伴侣关系方面他却是一个失败者。他曾经懊恼地说："如果什么地方能有一个女人关心我的衣食住行，那么，我宁愿为了她，放弃我所有的才华和著作！"

那么，我们应该怎样获得成功的伴侣关系呢？应该怎样向伴侣表达自己的关爱呢？你无须做出惊天动地的举动，在细微之处更见真情。自古以来，鲜花都被人们认为是爱情的语言。试想，如果一位男子能在回家的途中给家中的另一半带上一束水仙花，那么对于在家操持一天的她来说，这是一个多么大的安慰。并且一束花并不会让你破费多少，尤其是在鲜花盛开的季节。遗憾的是，生活中有太多的人忽视了这些小事。芝加哥一位法官曾经接触过4万余宗婚姻案子，并调解过2000余对夫妇，他曾感慨地说："婚姻出现破裂的原因，往往不是那些重大的事件，日常的琐事才是悲剧的根源。一件简单的小事，如妻子在丈夫早晨上班的时候向丈夫挥手说再会，常常就会避免一出婚姻悲剧。"

当然，你在向对方献殷勤的时候，先要确定自己了解对方，不要献错了地方。

有这样一个男子，他专爱给自己的妻子买手提袋，但是他的礼物几乎从来都不能让妻子称心如意——不是太大了，就是太小了，要么就是风格不符合妻子的时尚品味。妻子哭笑不得，不得不百般向男子解释说自己是个成人，自己可以去挑选手提袋，不需要他多费心。但是男子的热情依然不减，他固执地认为自己比妻子更懂得时尚。无奈，妻子只有采用以其人之道还治其人之身的策略，给男子也买了一个皮包，男子体会到无法承受的热情后才最终停止了自己的做法。

这位妻子的做法非常得体：她没有生气，没有对着自己的丈夫大喊大叫——毕竟丈夫也是出于好意——而只是用一种不伤人的方式取笑了他，让他意识到自己的错误。相信这位男子以后会更加注意去了解自己的妻子的。

随时随地向你的爱人表达爱意

植物的生长需要雨露的滋润，爱情的发展需要细节的呵护。

“相爱总是简单，相处太难。”这句歌词形象地说明了爱情的脆弱性。我们要想把爱情与实际生活结合起来，并保持其长久与稳固，并不是一件容易的事情。热恋中的人充满激情，而进入婚姻之后，很多人错误地认为自己的爱情已经很安全、很可靠，于是便不再努力，不懂得维护。他们不再表现自己的爱意，不再关注生活的细节，结果使爱情变冷、变淡，双方的距离随之逐渐拉大。

细节决定成败，这句话在爱情和婚姻中同样适用。

婚姻的基础是爱情，而爱情是需要呵护和经营的，经营爱情的关键就在于细节。善于在细微之处表现出你对伴侣的关爱，这是成就幸福的婚姻生活的法宝。很多时候，对方并不需要你为他做出多少牺牲、付出多少努力，但他需要知道你在爱他、在关心他，他真正需要的是你的心意、你的态度，而小事最能体现一个人的态度。因此，只要你能在小事上、在细节处，多多关心和体贴他，让他感受到你的温暖，你就能保持你们的爱情经久不衰。人们常说，女人最需要体贴，男人最需要理解，而所谓的体贴和理解都体现在生活的细节，体现在一些小事上。

爱是相互的，如果男女双方都懂得在细节上关爱对方，愿意在细节上花更多心思，那么你们之间的感情将会随着时间的延续而加深，你们将能享受到真正幸福的婚姻。而如果不懂得在细节上相互关爱，不善于在细节处表达自己的爱意，婚姻就难免会出现危机。

美国芝加哥市的一位资深法官曾处理过一万多件离婚案，其中他成功帮助2000对夫妻达成谅解，重归于好。他对一位专栏作家说："大多数夫妻婚姻不和谐的根源常常是一些细小琐碎的事情。如果夫妻双方都能在生活的细节上做一些改变，那么很多婚姻就可能避免破裂。例如，丈夫早上离家上班的时候，如果能给妻子一个吻，并说声'再见'，就能减少许多离婚案的发生。"

有时候，婚姻中并不是缺少爱，而是缺少表达，缺少对生活细节的关注。很多男人不注意婚姻生活中的小事，更不善于在小事上表达自己的感情，直到危机出现了，还觉得自己并没有什么表现不妥的地方，结果造成了婚姻的悲剧。著名科学家爱因斯坦的2次婚姻就是"细节决定成败"的最佳例证。

爱因斯坦的第一任妻子米勒之所以常常给爱因斯坦找麻烦，

就是因为她不能容忍丈夫只关心他的科学研究，把所有的时间和精力都用在科学实验上，对自己却几乎不表示关心与体贴。他们两个人都很要强，谁也不愿妥协，最后只好以离婚告终。爱因斯坦的第二任妻子艾琳莎是一个善解人意的女子，她非常尊重和体贴爱因斯坦，从不去干扰他的工作，使他能够安心从事研究。艾琳莎知道丈夫搞研究很辛苦，于是经常变着法子给他补充营养，默默地为他做着一切。这让爱因斯坦非常感动，他开始转变态度，调整自己的工作安排，挤出一些时间去陪伴妻子，并在细节上给她更多关爱。他们这种相互体贴、相互理解的态度让彼此都感到非常满意，都觉得自己生活在幸福之中。后来有一次，爱因斯坦在接受记者采访时说："艾琳莎虽然不懂什么是相对论，但相对论里也有她的一份功劳。"

很多时候，一束鲜花、一声问候、一个拥抱、一个亲吻、一杯牛奶，都会让你的伴侣备感温暖，但你是否做到了呢？美国曾经流行这么一句话，你可以不知道哥伦布发现新大陆的日子，甚至可以不知道美国独立的日子，但你不能忘记你妻子的生日、你们的结婚纪念日和情人节。是呀，忘记前者，别人最多说你不懂历史或者记忆力差，但如果忘记了后者，你的幸福生活就可能会出现麻烦了。

维系婚姻的最好办法就是在细节上相互关爱，曾经有一位研究婚姻问题的专家写了这样一首小诗：

并不是失去的爱毁灭了我们的美好时光，

而是生活中的小事让爱死亡。

一个渴望获得幸福的人，要做的第一件事就是随时随地向你的爱人表达你的爱意。

细节缔造完美，爱情、婚姻莫不如此。

每天多用一份心，让你的爱人开心

为什么不想去做呢？为什么不早开始这样做呢？

这是一个正濒临破碎的家庭。女主人因为琐碎零乱的家务而忧愁不堪，每次照镜子，镜子里都会是一张充满疲倦的、灰暗的脸，眉毛紧拧着，嘴角下垂着，眼睛里装满了烦忧。而男主人则是因为辛劳的生活和超负荷的重担不住地抱怨，有时，他还会借酒消愁，喝醉了就把老婆、孩子一顿乱打。

“真的支撑不下去了，我有好几次都想提出离婚。”女主人说。

半年之后，这个家庭几乎成了全世界最和睦的家庭。房间内外总是收拾得干干净净，女主人本身也整齐利落，最重要的是，她的脸上永远挂着迷人的微笑。而男主人每天进门之后，都会首先给妻子一个吻，然后帮着妻子收拾家务。做这一切的时候，他的脸上也会永远挂着微笑。

“为什么会有这么大的变化呢？”周围的人都感到很好奇。

“因为它。”女主人微笑着指指身后的门。原来门上贴着一张纸条：“进门前，脱去烦恼；回家时，带上快乐。”

这个主意是男女主人一块儿想出来的。

把快乐带回家是让伴侣快乐的前提，除此之外，我们还要想办法去讨伴侣欢心。

要做到这一点很简单，你应该学会超前思考。比如，在你伴侣的生日到来的时候，你应该换着花样为他/她庆祝生日，而不是一成不变地送一束鲜花、一张卡片或者在酒吧里小酌几杯。你的一些新意不仅会让对方收获一份惊喜，同时他/她也会为你的良苦用心而感动。当对方因为你的“创意”而开心的时候，你是否也会有一种成就感？要想讨你的伴侣的欢心，你还需要经常猜想他/她喜欢什么、需要什么，在一些适当的日子里，把他/她真正向往的东西当作一种惊喜送给他/她；此外，你还应该给对方买一些从未买过的东西或者是一些奢侈品，或者和对方去做一些从未做过的事情，让他/她感到新鲜，让你们的生活充满活力；日常生活中，你可以挑一些有趣的小东西逗他/她开心，让你的另一半知道你一直都在惦念着他/她。总而言之，超前思考，多用一份心去为你的另一半考虑，让对方知道他/她在你心目中的重要位置。对于他/她来说，这或许是最开心的事情了。

此外，要让伴侣开心，甜言蜜语必不可少。人们常说情话是最不值钱的，同时又是最值钱的。不论是一见钟情的少男少女，还是满头银发的老夫老妻，绵绵情话总是说了又说，讲了又讲。然而奇妙的是，就算是说过千万次的一句“我爱你”，仍能激起伴侣的万般柔情，仍能让伴侣收获一份欣喜。大文豪马克·吐温先生就常常把写着“我爱你”“我非常喜欢你”之类话语的字条压在花瓶下，给妻子一份意外的惊喜。这个游戏他们做了一生，却乐此不疲，彼此都从中感到了快乐和幸福。

让你的伴侣开心，你必须多动一些脑筋，让自己的举动总能超出他/她的想象，想方设法给他/她惊喜，送给他/她别的朋友不会送的礼物。这是一个发挥你的创造力和显示你的冒险精神的好机会，也是你向对方表示关心和爱护的好方式。你能做到吗？或许你会以“没有时间”作为借口，但是还有什么比让你的另一半开心更重要的事情呢？

你要讨好的这个人不是别人，他/她是你的伴侣、你的知音、你的财富。

不要以“没有时间”为借口，还有什么比让你的另一半开心更重要的事情呢？

仪式感让你与伴侣共同的生活充满激情

你在某种程度上已将自己的一生与某个人的幸福挂上了钩。

你和你的伴侣相遇相知，在庄严的氛围中许愿“执子之手，与子偕老”的时候，你的内心一定洋溢着幸福和甜蜜。但是，你们想过怎样与自己的另一半“共度一生”了吗？两个人在一起痛苦地一天天熬日子，完全没有心灵之间的沟通和默契，这对于珍贵的生命来说实在是一种灾难，这种活法并不值得坚持。你们俩必须对共同的生活充满激情，两个人要长相厮守，需要一个坚韧的纽带来维系。在这个基础上，两个人共同体验生活，一起朝着梦想前行。爱情从来不会降临在那些半死不活的人身上，也不会青睐酣睡不醒的人，更无意去碰那些不愿付出努力的人。为了让爱情常伴左右，你必须时刻保持清醒，让自己的步调和伴侣的保持一致，并且和他/她拥有共同的梦想和目标。为了不让爱情在平凡的生活中蒙上灰尘，我们必须时刻对生活充满激情。

两个人在常年的相处中，总有高峰和低谷，有时候会感到兴奋和激动，有时候又会出现一些磕磕碰碰，有时候也会感到无聊和乏味。生活总是这样，每种情况似乎都是不可避免的。但是，你要清醒地意识到，你的一举一动关乎另一个人的幸福；同样，你在某种程度上也将自己的幸福和这个人挂上了钩，这个人就是你的另一半。你必须付出热情和努力，全力地去支持和关注你的另一半，同时也尽可能地挖掘出自己体内所蕴藏的力量和斗志。两个人共同努力，才能给自己和对方都带来幸福。

对此你或许会不以为然——幸福是自己的，怎么会同别人产生关联呢？如果是这样，那么你和你的伴侣携手生活又有什么意义呢？你无法回答这个问题，因为两性关系的真正意义就是在有生之年让对方感到幸福。你必须认真地去关心你的另一半，时刻让自己的内心充满爱，真心地希望你的伴侣能够成功、快乐，拥有一个完整的人生。如果你办不到这一点，就不能说自己的伴侣关系是成功的。

要让你的伴侣感到兴奋，让你们的家庭生活永远充满激情，真诚地欣赏对方是必不可少的。让我们先来看看一个有趣的故事，虽然这个故事明显不是真的，但是它证明了一个真理：有一位农家妇女在忙碌了一天之后，在她丈夫的面前放了一堆草。丈夫顿时火冒三丈，大声吼道："你是不是发疯了！"妇女若无其事地回答："哦，我怎么知道你注意了？我为你做了整整20年的饭，在这漫长的岁月里，我从未听过一句话能让我知道你吃的不是草。"是的，如果你对自己伴侣的付出无动于衷，你认为那是他/她应该做的，那么你们的生活怎会有激情？学会真诚地欣赏你的伴侣，让他/她感到自己的努力得到了回报，让他/她感到高兴和幸福。如果你这样做了，你的家庭生活就会活色生香。在好莱坞，婚姻从来都是一件充满风险的事情，以至于连保险公司都不愿为它担保。在少数的快乐婚姻中，巴克斯德是其中一个。巴克斯德的太太本来是一位舞蹈演员，为了和巴克斯德结婚，她毅然终结了自己的艺术生命。这是一件很痛苦的事情，因为她再也不能享受演出成功后观众们热烈的掌声和赞美了。然而，事实上巴克斯德夫人从未感到过寂寞或者难过，她每天都像一个快乐的天使。为什么会这样呢？巴克斯德说："我尽力让她感觉到我的鼓掌和称赞。要知道，一个女子在她丈夫的真诚与欣赏中所得到的快乐，是其他快乐所不能替代的。如果她感到了快乐，那么我的快乐也就有着落了。"所以，要保持家庭的快乐，要使家庭生活永不沉闷、永远充满激情，就要记住，给予对方真诚的欣赏是至关重要的。

漫长的人生道路上，你通常只有一个共度余生的伴侣，无论遇到怎样的坎坷，你们俩都要相扶相携共闯难关。他/她是你生命中最重要的人，难道你们不应该在相互信任和高度负责的基础上分享快乐和追逐幸福吗？你们应该不断加固而不是不断磨损两人之间的纽带，应该去追寻个人和婚姻的双重成功，只有这样，你们才能在婚姻关系中获得最大的益处。要知道，你的伴侣并不仅仅是在你感到苦闷或者孤单的时候陪你聊天的对象，他/她来到你的身边完全是出于爱，他/她在付出爱的同时也渴望得到你的爱，而只有双方都真诚地对待对方，你们才能真正体会到两性关系的愉悦。所以，你有足够的理由把自己的生命发挥到极致，时刻对你和你伴侣的共同生活充满激情，难道你不这么认为吗?

为了不让爱情在平凡的生活中蒙上灰尘，我们必须时刻对生活充满激情。

要让你的伴侣感到兴奋，让你们的家庭生活永远充满激情，真诚地欣赏对方是必不可少的。

爱的仪式就是每天跟你说很多无关紧要的话

倘若伴侣之间没有了对话和交流，两人的关系必定是出了问题。如果我们不与伴侣交流，那么两人的长相厮守又有什么意义呢?

伴侣之间需要保持对话和交流，这是维持健康伴侣关系必不可少的条件。在我们身陷困境的时候，伴侣的安慰和鼓励可以帮助我们脱离沮丧的泥淖；当我们取得成功或者赢得其他令人兴奋的成就的时候，需要伴侣来分享我们的快乐。

对话和交流是如此的重要，它可以帮助我们更好地了解伴侣，它会让我们学会与伴侣分享生活中的一切，让我们和伴侣更紧密地融合在一起。我们有必要学习一下这方面的技巧。以下是对话和交流方面最基本的法则：

•确定你和你的伴侣每天都讲话了，当然一声叹息或者一句含糊不清的嘟囔可不算。

•当两个人待在一起的时候，每隔一段时间发出一些声音，示意对方你还醒着、你还活着；当对方跟你讲话的时候，你要表现出对对方的话很感兴趣、正在仔细聆听对方的诉说。你可以点一下头，或者发出鼓励的声音（如哦、喔等等），让对方继续讲下去。

•你要明白，作为一个爱人或者伴侣，你有责任去和对方交流，如果你能擅长此道，那是最好不过了。

•两性关系必不可少的性生活也离不开交流，无法想象两个沉默的人会全神投入到做爱中去，只有通过交流，性生活才能更趋和谐。

•当两个人出现矛盾的时候，对话和交流可以帮助我们解决问题，而沉默无语只会加剧事情的严重性。

•想想吧，你当初之所以能和伴侣坠入到爱河中，不正是通过交流才让你更钟情于对方的吗？而今，交流和对话依然能促进你们感情的深化，并且坚定彼此共度余生的信心。

虽然在有些时候、有些地点沉默也是必不可少的，但是长时间的沉默则意味着你们的关系出现了问题，它将对伴侣关系的发展产生严重的负面影响。只有通过对话和交流才能扭转不时出现的矛盾，有益于伴侣关系的健康。是的，情感的交流有很多种渠道，但是语言的交流无论到什么时候都是必不可少的。如果你对此不以为然，那么我们不妨来看看艾莉的例子。

艾莉的婚姻刚刚进入第三个年头，她就和丈夫分居了。为什么会出现这种情况呢？艾莉这样对律师说：“他一定是有问题，也许他对我们的婚姻失望了，每天回到家里都很少和我说话，吃完饭就一屁股坐到沙发上若无其事地看电视，两眼盯着屏幕一直到深夜，好像根本没有意识到我的存在。看完最后一个节目后，他就一言不发地爬上床，有时候甚至不问我是否劳累、是否有兴趣，就要求做爱。他连一句多余的话都没有，没有甜言蜜语，也从不向我提起工作和生活中的事情，仿佛所有的话都在结婚以前说完了。这实在是让人难以忍受。在这样的家庭里，我连一分钟都待不下去了。”

瞧，艾莉要求的并不是什么奢侈品，只是希望能和伴侣交流，为什么不能满足她这个小小的要求呢？难道她的丈夫真的希望家庭分裂吗？

当然，对话和交流也不应是闲聊或者不知所云的东拉西扯，这样必然会减损伴侣间对话和交流的兴趣，而一旦双方都不愿意和对方交流，那么本应如温馨港湾的家就会变成冷冰冰的牢狱。如果你们需要鼓起勇气才敢打开家门，那么劳燕分飞就会成为定局。所以，伴侣间交流的质量也是你必须要注意的。

尊重隐私，让爱人保存一份优雅和尊严

如果你觉得自己想要侵犯某个人的隐私，那么，你就必须花点时间好好地审视一下你自己，并弄清你为何会有这种想法和倾向。

在我们所有的权利中，隐私权是最神圣不可侵犯的。即便是与你关系最亲密的伴侣，他/她也有权维护自己的隐私权，对此你必须给予伴侣足够的尊重。同样，你也可以要求你的伴侣尊重你的隐私权。

如果你无法做到这一点，无法去尊重对方的隐私权，也无法保护自己的隐私权，那么你必须反省一下你们之间是否还存在着信任和尊重。如果你得到的答案是否定的，那么你应该意识到你们之间的关系是不正常的、不健康的，也就是说你们之间的关系还没有上升到伴侣的高度。你必须设法改变这种情况。如果你不打算在这方面做出努力，那么你们之间的关系必然会出现更大的危机。拿破仑·波拿巴失败的婚姻或许可以给你一些启示。

路易·波拿巴是拿破仑一世的侄子，法国的皇帝。他爱上了西班牙美女郁金尼·德伯，并不顾一切地与她结为连理。这对新婚夫妇拥有健康、财富、权力、名誉、美貌、爱情和信仰等几乎

所有幸福的条件，然而他们婚姻的圣火却没有发出耀眼的光芒，而是很快地熄灭了，化为了毫无生气的灰烬。这一切皆源于郁金尼的多疑和妒忌，源于她肆无忌惮地侵犯丈夫的隐私。她拒绝路易·波拿巴独处，千方百计地打听他和别的女人之间的一切事情，擅自进入他的书房翻阅他的公文和信件。可怜的路易·波拿巴贵为一国之主，却不能保护自己的隐私。偌大的皇宫里，甚至没有一个小橱是真正属于他的。他对这段婚姻感到绝望了，于是开始频繁地约会秘密情人。他们之间原本可以无比美丽、无比绚烂的爱情就这样死亡了。

假如你发现你的情侣总是避免和你谈某件事情，你就应该知道，这件事情是他/她的隐私，你不能通过下述方式去获悉此事：

•哄骗

•威胁

•情感敲诈

•“行贿”

•阻止伴侣享受他/她本应享有的权利

•用偷偷摸摸的方式去刺探事情的真相

尊重伴侣的隐私不仅仅是指不私自拆启他/她的信件或者邮包、不偷听他/她的电话留言、不私自查阅他/她的电子邮件，还包括要给你的伴侣一个私密的空间，比如要保证他/她能够独自沐浴。我们每个人都要在生活中保存一份优雅和尊严。事实上，专用的浴室是标准的底线，两人合用一间浴室本已不妥当，更不用说是选择在同一时间共用了。你可能对这里提到浴室感到莫名其妙，实际上这很重要，两个人共用一间浴室是不合情理的、无益于两人关系发展的，也是毫无必要的。英国前首相温斯顿·丘吉尔就曾说过，他的婚姻之所以能够持续四五十年保持稳定，很大程度上得益于他和妻子没有共用一间浴室。所以，如非迫不得已，请不要和你的伴侣共用一间浴室，并且不要去侵犯他/她的隐私权。当然，这条法则不仅适用于伴侣之间，你完全可以把它扩展到世界的每一个人身上。

如果你觉得自己想要侵犯某个人的隐私，那么，你就必须花一点时间好好地审视一下你自己，并弄清你为何会有这种想法和倾向。

时常和爱人回顾过往，反思共同走过的道路

在人生的路途上，你必须时不时地进行检查，以确保你与伴侣正使用着同一张地图。

当我们爱上一个人的时候，我们以为自己对对方已经足够了解了，我们觉得自己与对方之间存在许多共同点，总能找到共同的语言。也正是因为如此，彼此才会走到对方的身边。我们理所当然地认为，如此天造地设的一对就像是一枚硬币的两面，必然

能够携手走过漫长的人生道路。我们对此充满了信心，这也是为什么我们与对方互换戒指的原因。

然而，我们对未来的生活过于乐观了，我们把对方想得过于简单了，或者说我们没有站在对方的角度去考虑问题，而是理所当然地认为对方一定会和我们保持一致。事实上，人生的道路并非坦途，中间可能会有大山、大河挡路，有时候，这条大路还不得不暂时分叉。如果你和你的伴侣不能保持一致的方向，那么，你们很可能走上不同的道路，甚至永远地丢失了彼此。因此，在人生的路途上，你必须时不时地进行检查，以确保你与伴侣正使用着同一张地图，正朝着同一个目标前行，确定对方的双脚还停留在预定的轨道上。

是的，我们需要一个共同的目标，但是每个人对共同的目标都有不同的理解。你以为你和你的伴侣共同的目标应该是尽快买下一套时尚而舒适的房子，而你的伴侣却认为你们应该先考虑买一辆豪华的跑车。如果你们都天真地认为对方和自己的想法一样，那么最终总有人会走上岔路。所以，你必须经常通过对话和交流弄清楚对方是怎样定位你们的共同目标的，然后把对方的目标和你自己的目标对照一下，看看二者之间是相差十万八千里，还是十分接近，甚至根本就是一模一样的。如果是后者，那当然是一件值得欣慰的事情；如果不是，你应尽力去缩小二者之间的距离。也只有如此，你们的共同生活才会充实而红火。尼克·亚历山大和他的妻子特丽莎堪称是这方面的楷模。

亚历山大结婚不久，经妻子同意以后，决定开办一家房地产公司，为此他们拿出了所有的存款，特丽莎甚至把订婚戒指都卖掉了，以增加他们那小小的投资。公司开业以后，生意兴隆，亚历山大和太太又有了一个共同的目标，那就是买一栋海滨别墅。经过几年的努力，他们实现了这个目标。后来，他们的孩子渐渐长大了，为了使孩子得到最好的教育，他们又开始共同谋划。忙完了孩子的事情之后，亚历山大和特丽莎又开始为他们共同的退休保证金而努力。亚历山大和特丽莎一直都过着一种充实、忙碌、成功的生活，因为他们面前总有一个共同的目标，这个目标是他们通过协商之后达成的，所以他们彼此都愿意为此而付出自己最大的努力。

除了要有共同的目标之外，你还要分清共同的梦想和共同的目标之间的差异，不能把共同的梦想和共同的目标相混淆。我们都有自己的梦想，梦想可能天马行空，比如你梦想在蔚蓝的海边有一处豪华的别墅；梦想拥有一个像奥运会游泳池一样大的私家泳池；梦想修建一个巨大的酒窖，里面放满了世界各地的美酒；梦想有朝一日能和心爱的人一起去太空漫步等等。而与梦想相比，目标则实在多了，比如你们的目标是生一对漂亮而又聪明的儿女；和伴侣一起退休，到乡下去度过余生；经常性地和伴侣出去旅游；经营一个自己的生意；养一条宠物狗等。总而言之，梦想是你们期望得到的东西，但是它可能永远都不能实现；而目标则不同，它是你和你的伴侣一直想做成的事情，而且通过你们的共同努力，这个目标很有可能会实现。

在这里给大家提一个建议：和你的伴侣一起回顾过往，反思你们是否为一个共同的目标而努力。这种反思和回顾不应是一次自我检讨，而应是一个轻松的任务。它无须过于详细，只要列出一些简单的问题，以证实你与爱人拥有大体一致的目标，但是不需要为未来的共同生活制订一个详细的计划。这样做可以随时修订彼此的方向，有防微杜渐的效果。

让婚姻充满温馨的5个爱的仪式

当月华从单位回到家时，她累得都快要倒下了。进门见丈夫江正坐在沙发上看报，月华懒得多说话，无精打采地开始洗米、择菜。当锅里的油开始沸腾时，江走到月华背后，笑着说："我们单位……"不想月华一声大喝："走开！"江吓得不轻，待要发问，却见月华脸色不佳，只好把话咽了下去。接着月华开始重重地摔盘扔碗，见江在厨房门口站着，又甩出一句："就知道吃！"江莫名其妙，于是一场争吵就此开始。最后江披上外套摔门而去，月华则扔了炒勺坐在沙发上抹泪。之所以会发生以上情况，就是因为他们夫妻之间忽视了爱的仪式。一般情况下，月华乐于做晚饭，可这一天她实在太累了。一直贤淑的她不会一回家就叫："饿死我啦！累死我啦！江快做饭！”她隐忍着继续扮演贤淑的主妇角色，没想到怨气却突然爆发。如果月华愿意向江袒露她的难处，请求江过来做帮手或主厨，她心中的怨气就没有了。江只觉得“走开”刺耳，他却没洞察到隐藏在这两个字背后的月华的真实需要。

其实江不是不愿做，是不知道今天很需要他做。月华用怒气冲冲的“就知道吃”来掩饰她自己都未必清楚的真实目的——希望江给她一些爱的回报。这种回报也许就是江亲手做晚饭，也许就是江一个温情的拥抱加一句：“累吗？”也许是江在客厅里喊一句：“我给你泡了杯茶，你来歇会儿……”我们不能要求月华在任何场合下都对江直言相告：“该是你‘回报爱’的时候了。”但我们可以建议月华一面了解自己的真实想法，一面试图让江也明白这种想法，把“就知道吃”换成“我很累，亲爱的，你能帮我一把吗”。只要这么简单的一变，局面不就变成另外一种样子了吗？

更重要的是，我们希望像江一样的丈夫能抛开现象看本质，看到妻子的心里头，找出妻子脾气不佳背后的根本原因。

我们所说的爱的仪式，开始于真正的理解，发展于触及实质的交流，结束于以爱为回报的互助。静思一下，我们不难发现，许多侵蚀婚姻的琐碎争吵都可以化解。当然，以爱回报的第一步就是善解人意。

那么，如何才能运用“爱的仪式”，使家庭充满温馨和幸福呢？以下5条原则非常重要：

1. 晨起提意见

常言道："一日之计在于晨。"为了新的一天里能更好地生活和工作，夫妻俩可以在起床后进行一些交流，有什么意见和看法，在临上班前提出来最适宜。

2. 回家展幽默

一天的辛苦工作之后，夫妻双方都会很疲惫，有时还会把工作中的压力带回家，此时难免会心情不好。所以，夫妻二人回家碰面的那一时刻，不应是发泄的时候，而该是"造气氛"的时机，为整晚营造一份好心情。

3. 吃饭寻开心

餐桌上，是夫妻二人最好的交流地点。吃晚饭时，夫妻最好在饭桌上谈些开心的事儿，来冲淡一天的焦虑和烦躁。愉快的心情可以增加食欲，消除一天的疲惫，增进彼此的了解，这对于特别忙的夫妻更为适用。

4. 饭后做家务

饭后，夫妻俩应共同收拾，边做家务边聊天，这是夫妻间最好的一种交流方式，既是"男女搭配，干活不累"，又能促进彼此的沟通，表现了做丈夫的对妻子的尊重和做妻子的对丈夫的体贴。

5. 睡前多赞美

入睡之前，对爱人的赞美无疑是一首动听的"催眠曲"。想一想，爱人在这一天中，做成了哪些事，有什么不平凡的表现，这时认真地总结出来，给予赞美，便可舒筋活络，松弛神经，一夜好眠。

进入倦怠期的婚姻需要彼此用心维护才能更美、更温馨，不妨试用以上 5 条仪式，说不定会收到意想不到的效果呢。

甜言蜜语是最佳的婚姻保鲜剂

现实中常常出现这样的情况，当两个男孩同时喜欢一个女孩的时候，“油嘴滑舌”的一个往往更容易赢得女孩的芳心。事实上，女人非常容易被语言感染，不管是不是真的，她们几乎都喜欢听男人的甜言蜜语。如果甜言蜜语出自她们所爱的人之口，那么她们会更加喜欢、更加感动，追求者的步伐也会因此而更进一步。

其实不仅是女人，男人也同样如此。如果你稍加留意就会发现，性格开朗、语言表达能力强、善于与人沟通交流的女性更容易引起男性的关注，更容易找到让自己满意的对象，收获幸福的爱情。洛杉矶家庭关系研究所的研究员鲍尔森曾说：“调查发现，一个善于表达的从事普通工作的大学毕业的女性，与那些沉默寡言、胆小羞怯的女工程师相比，能找到更优秀的男友，获得更幸福的婚姻。”

恋爱时，情人之间永远有说不完的情话，甜言蜜语是恋爱的主要内容，而一旦结婚之后，双方的激情往往会逐渐降低。加之繁忙的工作、家庭的琐事，以及孩子的出现，男人不再像恋爱时那样缠绵，女人也不再像恋爱中那样温柔。事实上，平淡的婚姻生活更需要调节感情，而甜言蜜语就是最好的感情调节剂。善于利用甜言蜜语来表达自己的感情，唤醒对方的感情，这对婚姻幸福至关重要。

日本的一位婚姻问题专家指出，每个人都希望得到别人的关爱，都希望听到悦耳的话语，被别人喜欢和爱恋是一件非常幸福的事。而夫妻是一生中相守时间最长的人，出自夫妻之口的甜言蜜语最让人感动和欣喜，而这也是保持激情建立和谐婚姻的最有效方式。调查表明，在那些离婚案中，有 70% 以上的女人说自己的丈夫自结婚后就很少再说恋爱时所说的话，于是便觉得丈夫对自己的感情可能发生了变化，因此矛盾不断产生，最后不得不选择离婚。研究还发现，当夫妻之间的甜言蜜语减少或消失时，婚姻之外的人所说的甜言蜜语就会对她（他）产生强烈的诱惑，而女性表现尤甚。

作为男人，你一定不要吝于说出心中对妻子的爱恋、欣赏和感谢。

爱是需要表达的，爱他（她）就要说出来。如果他（她）为你付出了很多，而你连一句爱恋和感谢的话都没有，那么他

（她）的努力就会失去动力，你们的感情就会出现难以预料的危机。

有这样一个故事，有一位农妇，每天除了在外辛勤劳作之外，还要给家里做饭。一次，她辛劳一天回家之后没有立即做饭，而是把一堆草放在了饭桌上（意为晚餐）。当丈夫愤怒地问她是不是发疯了时，她平静地回答道："我以为你从来都不在乎吃什么呢，你还知道饭是需要做的吗？我为你做了20多年的饭，你对我说过一句好听的话吗？难道你以为自己一直吃的是草？"

美国加州医学院精神与心理研究所的研究员巴拉克曾说："对许多女性来说，恋爱与感受到爱远比性交更重要。对于那些忙于家务、整天带孩子的女性来说，尤其如此。那种巧妙的、甜蜜的、带刺激性的私语往往能使她们享受到真正的快慰。"夫妻之间，关爱的语言比什么都重要。

人们常说，情话是最不值钱的，但它却又是最值钱的。对说话者来说，是非常简单而容易的事，而对听话者来说，却非常重要。无论是在恋爱中还是几十年的夫妻生活中，绵绵情话都是联络感情的特效药。

要想赢得女人的心，最好、最有效的办法就是经常给她说甜言蜜语。

第六章

你用心的套路，会成为家人漫长人生里微笑想起的甜蜜

shenghuo
xuyao
yishigan

让家中充满爱的小物品，给孩子留下美好的记忆

有这样一个童话故事：小松鼠去小兔子家串门时，发现它家客厅的墙上挂着一个早已枯萎的花环。

“你把这个枯萎的花环挂在如此醒目的位置，花儿已谢，也起不到什么美化的作用啊！”小松鼠好奇地问。

“是的，它不是一件好的装饰品，我也是这么看待它的。”

“那干吗不扔掉它呢？”

“不，我永远也不会扔掉的。这是我 10 岁生日那天，妈妈亲手为我编织的花环，并亲自把它挂在我的脖子上，所以我要永远留着，因为它是母爱和幸福的证据。”

小兔子的一番话，颇值得深思。如果你试着按照小兔子的话去做，相信你的家庭也会变得浪漫而温馨，因为当你的家中充满爱与幸福的物品时，这些证据就会时时提醒你，过去的日子是多么美好，身边的人是多么爱你。如此一来，你就会以积极的态度来面对生活，并且对家人时时充满感恩之心了。

爱的物品可以是任何朴素或美丽的东西，但有一个前提——能时刻提醒你。譬如一本书、一张家人的老照片、一幅挂在墙上

的格言等，只要对你有意义的都可以。

如果以前没有，那么你现在可以去花店或商店，买一束花或一件可爱的物品，送给自己的家人或朋友，以表达自己的爱。千万不要小看这些微不足道的物品，它能时时提醒你，你幸福地爱着他们，也被他们爱着。云霞非常懂得收藏爱的物品，也许正因为如此，才使她永远生活在幸福之中。

一天晚上，云霞和一位朋友赴一场宴会，朋友先到云霞家等她化妆，云霞把首饰一件件地搭配着晚礼服给朋友看，朋友发现首饰盒里有一枚十分精美的钻戒，云霞却一直未动。

“为什么不试试这个？”朋友问。“不，我不戴这个，”云霞说道，“一般不戴。”

“太贵重？”云霞摇摇头。

“是你先生给你买的第一件礼物？”云霞点点头。“还因为，我不知道这枚钻石戒指的真假。”她微笑着，轻轻地说。

接着，云霞说起了这枚钻戒的故事：“那时我们刚认识不久，我对他的背景几乎一无所知，单因为他这个人就爱上了他，他对我也是如此。定情之后，他说要送我件礼物，于是，一天早上我收到了这枚钻石戒指。

“我非常喜欢这枚戒指，就常戴着，从没考虑过它的真假问题。可是我慢慢发现，很多人都对它有兴趣，常常询问它的真假。我答不出来，只好含混过去。也许他平常的打扮和我含糊的态度为大家提供了判断的依据，使得大家都不约而同地认为这是枚假钻戒。然而等到我们结了婚，孩子长到3岁后，他们又突然转变了看法。”

“为什么？”

“因为他们知道了我先生出生于一个经商世家。”云霞笑道，“当初他选择我，他父母都不同意。他是瞒着父母悄悄与我结婚的。”

朋友默默地看着这枚钻戒：“你现在还不知道它是真是假吗？”

“不知道。”

“干吗不问他？”

“为什么要问？是真是假又有什么关系？”云霞说，“再说，我也确实不知道应该怎样去问，我甚至认为这个问题一旦提出，这枚钻戒无论真假就都已经一文不值了。”是的，是真是假又有什么关系呢？这枚戒指是云霞的丈夫在贫困时为爱情献出的礼物，别的已经不重要了。现在云霞把它当作爱的物品收藏起来，以此换来的幸福感，难道不比它是一枚价值连城的钻戒更有意义吗？

让家中充满爱的物品，是为了让你时常想着自己的幸福，并珍惜现在的幸福。

对亲人总是漫不经心，总有一天你会后悔莫及

无论如何，我们若舍得忙里偷闲，将更多的时间挤出来，我们也会得到更多。

某毕业生到一家大公司应聘，面试官最后提了一个这样的问题："你给母亲洗过脚吗？"

"没有。"这位青年犹疑了一下，红着脸答道。

"那你明天再来吧，回去之后给你母亲洗次脚，然后把你的感受告诉我。"面试官说道。

青年满怀疑惑地退了出来，虽然不明所以，但他还是照做了。等他把母亲的鞋袜脱掉时，他感觉自己的神经僵了，连血液都停止了流动。他突然明白了为什么面试官会出这么一个问题：母亲的脚干枯极了，像久经风霜的老树皮一样粗糙，像水分尽失的干木棒一样僵硬。十个脚趾均已经扭曲变形，趾甲里藏满了泥垢。脚背上有好几处磨破后又新生的鲜肉痕迹。脚后跟上粘着裂口的白色膏药已经发黑。

青年的眼泪一滴滴地落在母亲的脚上，他仿佛看到了母亲每日的拼命劳作，看到了母亲被生活重担压弯的腰身，看到了母亲强忍着的委屈与疲惫——自从父亲去世后，是母亲一个人在承担

自己每年高额的学费啊！

第二天，青年准时到了那家公司，面试官从他的表情中读出了一切，于是立刻叫秘书进来给他安排了职位。后来，这位青年成了一名非常优秀的企业家。

在快节奏的现代社会生活中，我们时常会忽视了亲人和朋友。不知道你有没有遇到过这样的情况：有几个非常亲近的亲人，但是大家并不住在一起。工作一忙起来，常常几个星期甚至几个月顾不上给他们打电话，时间一长，似乎更找不到打电话的理由了，以至于大家渐渐疏远起来。每每回想起来，扪心自问，是真的工作忙得连打个电话的时间都没有了吗？还是自己不在乎那些亲人呢？你可能会抱怨为什么对方不给你来个电话，但是想一想，也许对方也正在这样抱怨着你。所以，不要再找理由了，你应该承认自己做得不够好。

我们必须腾出一些时间来与亲人、朋友们联系。如果你忽视了，而恰巧对方也因为工作忙而忘记了，那么曾经的情谊便会渐渐被时间的流水冲淡。当你回首往事的时候，免不了会为这失去的情感而唏嘘遗憾。偶尔联系一下并不会花费你多少时间，只要你有心，一句问候便会让对方、让自己感到阵阵温暖。同样，对待孩子我们也应舍得抽出时间来。很多父母都有这样的愿望：每天晚上，在孩子临睡前一小时能陪在他们身旁，督促他们洗漱，然后坐在他们的床边，给他们讲美丽的童话故事，看着他们纯净而懵懂的双眸，收获一种为人父母的温柔。是的，无论如何，我们若能舍得忙里偷闲，将更多的时间挤出来，陪陪孩子们，给朋友、亲人打个电话，让这些我们生命中最亲密的人感到幸福，我们也会得到许多。

就算你的朋友、亲人们从没有先和你联系过，你也应主动行动起来，或许他们还没有看到这条法则，而你明白了这条法则的益处却还无动于衷，这就说不过去了。一旦你这样去做了，你就会发现生活变得容易了，多年没有见面的老朋友其实还是那么的友好；一旦你这样做了，你就不会有后悔的机会了，就不会为疏于联系而失去一个朋友感到懊恼了。此外，你还必须学会宽容，如果亲人或者朋友长时间没有联系你，请相信他们并不是不在乎你，只是工作太忙而疏忽了，或者他们在期待着你能主动去联系。总之，如果你想把人际关系处理得更好，你想让友情天长地久，那么请你拿起话筒，主动与他人联系。当别人没能这样对待你的时候，宽恕他们的怠慢，体谅他们的苦衷，这样你就站到了一个更高的道德层面上了。

如果你能遵循这条法则，那么无论生活有多么忙，你都能够多腾出一些时间来陪伴身边那些深爱着你的人，或者和远方的亲人、朋友多多联系。如果你主动迈出了这一步，那么爱你的人必定会在以后的生活中以同样的方式来对待你。另外，你还需要注意一点，多花一些时间陪伴在你爱的人身边，这是理所当然的，你应该很乐意去做，而不是把它当作一种负担。如果你带着不情愿或者敷衍的态度去陪伴他们，那么我劝你还是干脆不要去了。

举个例子来说，你因为出差在外而错过了孩子的生日，为了补偿，你决定整个星期日都陪伴在孩子身边。但是，在陪伴孩子的同时，你却放不下别的事情，一会儿赶工作，一会儿看报纸，根本没有加入到孩子的游戏中来，也没有和孩子进行一次深入的谈话。你只是在敷衍，没有把整个身心都交给孩子，这会让孩子有一种被欺骗的感觉。

所以，如果你的母亲、祖母或者一个老朋友打电话过来的时候，你正在忙着手中的活儿，你一定不要一边对着电话筒“唔唔啊啊”地应承，一边忙着在网络上搜索资料。你应该立即放下手中的活，专心与对方通话，或者把自己的情况向对方说明，并问对方是否可以等一会儿你回过去。得到对方的允许后，你一定要信守自己的诺言，忙完手中的工作后，立即打回去。如果你对待自己的亲人总是漫不经心，总有一天你会后悔莫及的。有个朋友就曾在这方面犯过错：那一天，他独自在家做方案，方案明天就需要给总经理过目，时间紧迫，他只得争分夺秒。正忙得不可开交的时候，电话铃忽然响了，这位朋友充耳不闻；接着电话铃又连响了几遍，朋友压不住心头的火气，跑过去把电话线拔掉了。后来他才知道，是他的老祖母病危，临终前想和他说句话。这件事情让这位朋友非常懊恼，不过是几分钟的时间，他却让老人抱憾而终，而现在再怎么自责也于事无补了。

因此，对于那些你生命中最重要的人，无论如何都要为他们腾出一些时间来，从今天就开始做。

爱应该是目送，而不是押送

你不能永远引领孩子，否则他将没有机会汲取教训，将不会学到任何东西，也不会取得进步。

所有家长都希望自己的孩子能过得快乐，能够成为一个全面发展的成功人士。毫无例外，他们对孩子充满了期望，不少人都给孩子设定了人生轨道：成为医生、律师、外交家、科学家、作家、企业家、宇航员甚至是罗马教皇。他们不能容忍孩子踏上歧途，他们认为孩子选择自己的人生轨迹就是误入歧途。他们不允许孩子犯错，恨不能指点孩子的一言一行。他们认为这是爱的体现，实不知这可能是一个很大的错误。

作为父亲/母亲，你应该允许孩子犯错误。你不能永远引领他们，否则他们将没有机会汲取教训，将不会学到任何东西，也不会取得进步。为了帮助你理解这个道理，我们不妨来看一个小故事：

小渔村里住着一位捕鱼技术一流的老人，渔民们尊称他为“渔王”。年老的渔王拥有了一个渔民所能拥有的一切，但是他并不像人们所想象的那么幸福。原来，渔王三个儿子的捕鱼技巧非常平庸。渔王不知道为什么会出现这种情况，他每天都在向别人诉说自己的苦衷："我真不知道为什么我的儿子会这么差。我从他们懂事起就传授他们捕鱼的技巧，从最基本的织网到划船的要领，再到怎样下网。他们长大以后，我又教他们如何识潮汐、如何辨鱼汛。我把多年来积累的成功经验毫无保留地全教给了他们，而他们的捕鱼技巧却不如那些技术远不及我的渔民的儿子！这到底是为什么？"一天，一位过路人听到了他的诉说，就问道："你是手把手教他们的吗？""是的。"渔王点点头。"他们是一直跟着你的吗？"路人又问。"为了让他们少走弯路，我一直带着他们。"渔王答道。"问题就在这里，你只传授了技术，却没有让他们去接受教训。实际上，经验和教训同样重要，缺少任何一个，都不能成大器！"

经验和教训同样重要，你可以指点你的孩子，但是也要给你的孩子犯错误的空间，这就是这条法则所阐述的道理。

有这样两兄弟，大哥小时候跟随外婆生活，家教比较宽松，有足够大的空间去做自己喜欢做的事情。对于一个小孩子来说，自己拿主意来做事，不可避免地会犯错误，但是大哥则有些离谱，他犯的一些错误甚至可以用"惊天动地"来形容。不过还好，一次次地犯错并没有让大哥丧失信心，相反他总能从错误中吸取教训，并且逐渐学会了怎样做事和怎样与别人打交道。而弟弟从小就待在父母的身边，父母像对温室里的花朵一样护着他，对他的管束极为严厉，他根本没有自由去做自己想做的事情，对于哥哥所做的那些事情更是闻所未闻。长大以后，调皮捣蛋的哥哥生活得很好，成了一个受人尊敬的成功人士。而从小乖巧听话的弟弟却屡遭挫折，过得十分不如意。

为什么二者的生活不像人们从前所预想的那样呢？我想你应该知道其中的秘密。是的，我们必须在年轻的时候给自己犯错的机会，因为那个时候我们更有韧性，更善于学习和吸取教训，也更容易改进和完善自身。

作为父母，我们都深感责任的重大，因为如果教育方式不当，甚至会毁了孩子的一生。虽然我们知道应有犯错误的空间，但是谁又敢拿孩子的未来开玩笑呢？或许正是过于谨慎的原因，作为父母的我们在看到孩子犯错误的时候无法袖手旁观。我们忍不住会跑到孩子身边去保护他们、照顾他们，生怕他们受到伤害后会留下什么阴影，或者是走上歧途。可怜天下父母心，爱护孩子的心情可以理解，但是我们必须清楚：孩子必须经过亲身体验才能真正学到东西，就算是冒着犯错误的风险也应该给他们自由。相反，如果你认为通过苦口婆心的教导就能让孩子不断取得进步，显然你是大错特错了。生活是现实而残酷的，孩子要想在未来的生活中如鱼得水，就必须懂得现实的法则和做人的道理，这些东西是不可能从几本书上或者是电视节目中学到的。打个比方来说，只有烧伤了手，你才会懂得为什么要离火远一点。只有亲身经历了，你才会品到生活的“真味”。

当然，这也并不是让你看着孩子犯错误而无动于衷。你可以在事前问孩子一些启发性的问题，比如“你觉得这是一个好主意吗？”“做了这件事以后，会出现什么后果呢？”“花那么多的时间和精力去做这件事，你觉得值得吗？”“现在做是不是适合？”等等，引导孩子去思考。

亲情的仪式，从好好说话开始

父母要消除与孩子之间的代沟，让孩子敞开心扉和自己说话，赢得孩子的热爱，就要首先懂得孩子内心的秘密。而孩子内心最大的秘密是情感，或情感的焦虑。因此，父母必须要掌握情感交流的秘方，走进孩子的内心世界，增强彼此之间的信任和感情。

作为孩子，如果遭遇了问题或烦恼，首先求助的是父母。如果做父母的不善于与孩子交流，也就从一开始就阻断了与孩子之间的融洽关系。

小花是一个爱紧张又爱哭的女孩子。她的表妹小羽来跟她住了一个假期。暑假快结束时，就要回家了。小花非常舍不得，眼泪汪汪地对妈妈说：“羽羽就要走了，以后又是只有我一个人了。”

妈妈很轻快地说：“你会另外再找到一个好朋友的。”小花回答说：“可是我还是会很寂寞的。”妈妈开始安慰她：“过不了多久，你就会忘了。”

“啊，妈！”小花说着就哭起来了。

妈妈生气了：“你都快念中学了，还是这么爱哭。”

小花狠狠地瞪了妈妈一眼，跑进卧室里，哭得更伤心了。

为什么会出现这种结果呢？原因就在于，孩子对于友情、亲情的渴望。他们对自己的感情需求很在意。然而，成人往往对孩子的这种情感需求很不在乎。这样，就会忽视孩子的感觉，对孩子细小的情感波动表现冷酷。这样一种对待孩子的情感反应方式显然不利于父母与孩子之间的情感交流。

事实上，孩子最需要的就是父母对他的重视，哪怕是当时的实际情况一点也不严重，父母也不能掉以轻心。或许在上例中的母亲看来，女儿不应该因为与表妹分开就流泪哭鼻子，但是她的反应却不应该没有同情。做母亲的应该这么想：女儿很难过，我应该尽最大的努力来帮助她。尽量设法使她知道我明白她内心的感觉。如果这样想，她就可以用以下方式来安慰女儿：“羽羽走了，让人觉得很寂寞。你们俩这么要好，真舍不得让她走。”

“你会想她的。”这种反应使父母与孩子之间产生亲密的感觉。孩子的内心感受一旦被父母了解了，他的寂寞和情感创伤就会消失。父母对于孩子的了解和同情是情感的绷带，可以治愈孩子受伤的心灵。因此，要达成和谐美满的亲子交流，做父母的也必须要对情感交流的技巧加以自觉的领会。

做父母的如何才能架设好与孩子之间的情感交流的桥梁呢？

比较实际的做法，就是从克服自己与孩子的情感交流的障碍开始。通常而言，当孩子试图与你谈论他内心的烦恼时，如下反应方式，都有可能加速交流障碍的形成：

用命令、指示或指挥的语气，告诉孩子该去做什么事情，给他下命令："我不管别的父母如何做，你必须给我……"

用警告、责备或威胁的语气，告诉孩子如果他做了某件事情会产生什么样的后果："如果你知道好歹的话……"

用说教、教化或规劝的语气，告诉孩子他应该如何做："你应当……"

以提出忠告、方法或建议的方式，告诉孩子该怎样解决问题："为什么不用另一种方法来替代呢……"

用评判、批评、否定或指责的语气，对孩子进行负面的评判："你那样做太不应该了……"

以谩骂、嘲笑或羞辱的方式，使孩子感到自己犯傻，把孩子归入另类，羞辱他："你的行为像一个不懂事的孩子……"

那么，父母应该怎么跟孩子交流呢？

通过解释、分析或诊断的方式，告诉孩子他的动机是什么，或者分析他为什么那样说，那样做。让孩子感到你在给他筹划，帮他分析："你那样说是想……"

用保证、同情、安慰或支持的方式，努力使孩子感觉好受一些。劝说他从不良情绪中解脱出来，尽力消除他的不良情绪，否认不良情绪的影响："不要担心，情况会变好的。"

用探索、询问的方式，努力去找理由、动机和原因，获取更多的信息帮助孩子解决问题："关于这件事情，你还和哪些孩子说过了？"以退缩、转移或迁就的方式，努力使孩子从问题中摆脱出来，自己也避开问题，分散孩子对问题的注意力，引导孩子把问题搁置起来："吃饭的时间咱们不谈这个。"

而正确的反应方式则基本不需要表达出自己的意见、评判和感觉，让孩子把自己的意见、判断和感受充分表达出来，给孩子打开一扇门，引导孩子去说话，使孩子在交流过程中发泄自己的情绪，理清自己的思路，进而自己找出解决的方法。

用这种态度来与孩子进行情感方面的沟通，以下一些回应方式是比较简单而又有用的：

"哦！"

"我懂了！"

"有意思。"

"怎么啦？"

"真的？！"

"我简直不相信，真是这样？"

其他一些反应在诱导孩子去讲、去说方面，更为有效：

"把这件事情讲给我听听。"

"我想听听这件事情。"

"后来呢？"

"听起来你对这件事情有话要说。"

“这件事看起来对你很重要。”

“咱们一起来讨论一下吧。”

每个熊孩子背后，都有不懂事的家长

有一句在美国和英国广为流传的话：“有一个好孩子，做了一件坏事情。”这句话让很多人感到不可思议，不少人对此嗤之以鼻，甚至直接指责这句话是胡说八道、荒谬至极。他们可能是没有领悟到这句话所要传达的深刻含义，实际上这句话所要说的是：世界上没有坏孩子。

中国有句古话“人之初，性本善”，也表达了类似的意思。你或许会提出异议，举出一箩筐的例子来证明自己的观点。是的，生活中有许多孩子非常调皮捣蛋，淘气而不听别人的劝告，他们会做出一些坏事，甚至是骇人听闻的事。但是你要知道他们的本质并不坏。虽然有时候他们可能会让你暴跳如雷、恨不能去撞墙，但是等他们睡熟以后，你凝视他们如天使一般纯洁的面庞，心里也会忍不住感叹：孩子是多么的完美无瑕！是的，你不得不承认，孩子的心灵里没有一点污垢，他们的本质是善良的、美好的。

我们可以这样来理解孩子的“坏行为”：孩子对这个世界并

不了解，他们充满了好奇和探索的冲动，他们需要通过这种探索看清是非对错的界限，然后再去规范自己的行为。因此，孩子在成长过程中，犯错几乎是不可避免的，通过吸取经验和教训，他们才能学到更多的东西，才能不断成熟和进步。所以，我们眼中孩子的“坏行为”，其实是非常自然而且正常的事情。

同样的道理，对于孩子其他一些令人不可理喻甚至是让人抓狂的行为，你也可以用这种方式去理解。比如，看到孩子有自私的行为，你不要认为孩子的本质是自私的，他/她其实并不知道自私是不好的；看到孩子有恶意的行为，你要知道他/她可能是在试探；看到孩子的举止笨拙而愚蠢，不要过早地下“朽木不可雕也”的结论，他们只是需要更多的学习。孩子都还很年幼，不谙世事，作为家长或者长辈，你有责任多多教育、帮助并鼓励他们。

如果你认为孩子满身都是缺点，对其充满了悲观，那么你永远都不可能成为一个称职的父亲/母亲。如果你认为你的孩子是好的，只是他/她的行为是坏的，那么，你便可以努力帮其纠正。但你若认为你的孩子是坏的，那你就无法改变他/她了。实际上，如果你认为你的孩子是好的，那么作为家长你已经成功了一半，接下来你所要做的就是纠正孩子的“坏行为”。很显然，这对于你来说并不是一个艰巨的任务。事实上，谁都可以完成这个任务。

美国著名的成功学家拿破仑·希尔博士小时候被认为是一

个应该下地狱的人。只要发生了什么不好的事情，比如谁家的母牛被人放跑了、堤坝裂了或者是一棵树莫名其妙地倒了，人们都会首先怀疑这是小希尔干的。就连希尔的父亲都认为他是一个不可救药的坏孩子，平时对他也没有什么好脸色。这一度让小希尔感到绝望，认定自己是一个讨人厌烦的坏孩子，于是破罐子破摔，一心想表现得比别人形容的更坏。后来，希尔的母亲去世了，一位新母亲走进了他的家庭。希尔原本认为继母不会对“臭名远扬”的自己有丝毫的同情，所以对她充满了戒备心理。没想到继母不但对他没有任何偏见，还发现了他人性中的优点，并鼓励他去发挥自己的特长。在继母的鼓励下，小希尔开始发愤学习并改正自己的缺点，最终获得了成功。可以说，继母用她深厚的爱和不可动摇的信念塑造了一个全新的拿破仑·希尔。

如果你给孩子贴上一个“坏”的标签，不仅使自己失去了成为一个成功父母的机会，同时也给孩子人为地设置了一个巨大障碍。“你是一个坏孩子”这句话将给你的孩子造成难以估量的影响，会在他/她的脑海里形成一个对自己的消极的认识，而这种认识一旦形成就将很难改变，孩子会在未来相当长的时间里感到自卑，甚至会破罐子破摔。所以，你在说这句杀伤力如此巨大的话之前一定要慎重。在孩子做错事的时候，你最好说“你做了一件不好的事情”或者“你刚才太顽皮了”等，这会让孩子觉得自己只是行为上的不好，通过努力完全可以改正这个缺点。然而，作为一个家长，如果你对孩子说“你是一个坏孩子”，对于年幼的孩子来说，这无异于末日审判，他/她会觉得自己无力对抗这种论断，因而不得不去认同这句话，可以想象这将会给他们造成多么大的影响。

请把你积极乐观的一面，还给你所爱的人

当所有人都悲观消沉之时，总该有人站出来驱散愁云，让生活显现出它振奋人心的一面。

在你所爱的人面前，表现出你积极乐观的一面，就算是你假装出来的，这也会让你的爱人感到愉悦，同时也能给自己积极的心理暗示，帮助自己走出狭隘的自我。

有一个比较悲观的朋友，他因为某些原因来到了一个陌生的国家定居。他对这个国家的语言知之甚少，能够表达自己感情词汇只知道“我很好”“我很开心”等少数积极的词，而诸如“厌烦”“悲惨”“消沉”等词汇却不知道如何使用。所以，每当有人问他“最近可好”“过得怎样”的时候，就算是他感到非常糟糕，也只能回答“我很开心”。久而久之，他惊奇地发现自己变得快乐了，与以前相比，生活中似乎有了更多的阳光。他给国内朋友写信的时候，诉说了自己奇妙的经历。他在信中写道：每当我开

口说“我很开心”的时候，我发现我真的很开心。

所以，当别人问你“近来如何”的时候，你不要脱口而出“不好”“太糟糕了”等。相反，无论你感觉多么差，无论你这一天多么地背，你都要回答“好极了”“太棒了”等。你会发现，当你说“好极了”的时候，你的脑海里马上会出现一些具有积极意义的事情来。反之，如果你说“太糟糕了”，那么你的头脑里就尽是那些烦心的事情。所以，为什么不让自己高兴一些呢？

如果没有积极、乐观、开朗的人，这个世界将是怎样的死寂？所以，你应该成为这样的一个人。不可否认，生活中充满了艰难和坎坷，但当所有人都悲观消沉之时，总该有人站出来驱散愁云，让生活显现出它振奋人心的一面。你有责任成为这样的人，特别是在你的家庭里，在你所爱的人面前。

英国著名诗人约翰·弥尔顿一生磨难重重，但是乐观的精神和不屈不挠的意志却让他顺利度过了一个又一个的磨难。他的生活一度陷入到极端痛苦的境地——朋友们弃他而去，同时自己又双目失明。正如他在一首诗中所写的那样：“面前是无边的黑暗，身后是魔鬼在呼叫。”然而，他屈服了吗？没有。在自己的女儿和外甥面前他依然表现得像一个每天都在享受幸福生活的人，并通过口授的方式完成了三部伟大的作品：史诗《失乐园》《复乐园》和诗剧《力士参孙》。他为同样生活在痛苦中的亲人们做出了表率。

如果你已打算把你积极乐观的一面，还给你所爱的人，你可以为此而感到自豪，但是不要忘了，你要保持缄默，没有必要向天下宣布你正确的决定。既然你已经下了决心，那么愉快地去做吧，不要有任何顾虑。从现在开始，在你的爱人面前，表现出积极乐观的一面，让它成为一种习惯，而不是一份差使，这样会让你感到更加轻松。当然，你很难每时每刻都保持这种状态，有时候你忍不住要向别人抱怨、诉苦，这也无可厚非，但是在你抱怨、诉苦之前请离开你的家人，去找一个陌生人来做你的倾听者。无论何时，你都要记住：在你所爱的人面前，不要表现出丝毫的消极情绪。

我们来看看成功人士在这方面的表现。调查显示，几乎所有的成功人士都拥有积极乐观的心态。相对于自己生活中所遇到的问题，他们更关心周围人的遭遇。在他们看来，自己的问题根本微不足道，他们从来不会向别人抱怨自己的一天是如何得不如意，相反却很乐意为别人排忧解难。他们思维敏捷、行动迅速，在与他们交往的过程中，你会感受到他们高度的自信以及浑身散发出来的热情。是的，无论是在别人还是自己的眼里，这些人都是生活中的强者，他们以一个强者的标准来要求自己，同时也表现出了高度的责任感。你应该能从他们身上得到一些启示，或者借鉴一些东西。

在孩子成长过程中扮演一个领路人的角色

孩子刚出生的时候，是个柔弱无助的婴儿，一刻也离不开你的扶持。然而时光荏苒，他们渐渐长大成人，他们有了自己的想法，甚至会背着你结交异性朋友，背着你喝得烂醉。当你看到他们甚至超过了自己的身躯，看到他们有力的臂膀，听到他们富有逻辑地叙述自己的想法，作为一个好父亲/母亲，你应该学会和他们保持步调一致。当他们渐渐长大，你也需学着慢慢后退，放手让他们做更多的事情，放心地将责任交于他们。

你应该学会控制自己，不能把一个有独立想法的孩子当成一个婴儿来对待，如果你坚持凡事都由自己来代劳，你很可能会让孩子产生挫折感。有一个朋友，他对父亲极度不满。当被问到原因的时候，他抱怨说父亲对他限制得过于严格，不放心让他做任何事情，包括一些微不足道的小事。有一次，他的父亲正在给一个垃圾箱刷油漆，他上前想给父亲做帮手，没想到父亲用不容争辩的语气说："你最好别来给我添麻烦！"这句话让这位朋友很受打击，他与父亲之间的关系也由此产生了裂痕。你看，不过是帮忙给垃圾箱刷油漆，就算是帮了倒忙，后果也总比父子间出现矛盾要好一些吧。

孩子非常想证明自己已经长大，一些在我们看来毫不起眼的小事，或许对于他们来说却有特殊的意义。朋友向我叙述了这样一件趣事：他有一个儿子，似乎从小就对煎鸡蛋怀有浓厚的兴趣。鉴于他的年龄太小，朋友一直没有满足儿子的愿望。孩子渐渐长大，已经开始有意识地在朋友面前表现自己独立的一面。一次，朋友问儿子：你认为长大的标志是什么？没想到，儿子脱口而出的理由不是独自理财、自己规划生活等，而是“煎鸡蛋”。朋友从没有意识到“煎鸡蛋”居然对儿子有这么大的意义，在接下来的一个月里，他每天早晨都让儿子煎鸡蛋，直到他讨饶为止。

放手把责任交给孩子，就要给孩子充分的选择权，并对孩子的选择给予足够的尊重，这将有助于孩子更健康地成长。

奥尼尔是一所中学的学生，他想报考学校的军乐班学习吹大号，于是就把自己的想法告诉了父亲。父亲并不想让奥尼尔吹大号，他认为吹大号没有什么出息。但禁不住奥尼尔的软磨硬缠，他只得答应到学校去调查一些军乐班的情况。于是，在一个赤日炎炎的中午，父亲来到了学校。他看见军乐班的学生正列队在操场上训练，队列中胖胖的奥尼尔不断揩擦着额上的汗水。父亲意识到这是奥尼尔在表现给自己看：他喜欢吹大号，不惧怕任何风险。父亲被奥尼尔的决心所感动，当着老师和同学们的面答应了奥尼尔的要求。后来，奥尼尔果然信守自己的承诺，他在课余时间练习吹大号 6 年，后来竟成为一个著名乐队的首席大号手。上大学以后，他更是因为这个特长而成为校园里的风云人物，为以后步入社会打下了良好的基础。

当然，作为父亲 / 母亲，你不能一下子让孩子承担太多的责任，这会让孩子背负过于沉重的压力。同样，你也不能对孩子过于不放心，以至于什么事都不让他们去尝试。这其实是一个微妙的平衡过程，你在追求一种平衡，同时孩子也在追求一种平衡。当然，孩子在初次尝试做某件事情的时候，他们不可避免地会犯一些错误，比如把鸡蛋打到了灶台上、把油漆刷到了地板上等等，遇到这种情况的时候，你不能开口就说："说过你做不好，还逞能。"毕竟，如果想让孩子长大后自己动手做事情，你就必须允许他在现在犯一些错误，谁都要为自己的成长付一定的学费。

在让孩子承担更多责任的过程中，我们不应袖手旁观，而应给予孩子帮助，慢慢地、一步步地帮孩子走上正确的轨道。比如，孩子第一次打扫房间，我们不应对他 / 她抱有太高的期望，即使他 / 她打扫得不干净，我们也不应表现出不满甚至是气愤。我们应给孩子充分的理解，毕竟孩子是第一次做这件事情，不知道父母的期望是什么样子的，他们必须去学习、去摸索，我们所要做的是适时地给予指点。

最后，我们有必要来总结一下这条法则：孩子渐渐长大，我们要学会放手，把责任交给孩子。不要怕孩子会犯错误，错误是不可避免的，学习总需要一个过程，在这个过程中我们要扮演一个领路人的角色。

用心关注身边的亲人，爱就在于生活的点点滴滴

亲情，血浓于水，是人世间最无法割舍的感情，也是人世间最真挚的感情。努力为爱付出，首先就要为亲情而付出，懂得爱自己的亲人，才会懂得去爱其他人。

最关心自己的人，总是最容易被忽视的人。不信，你用心想想，你平时有没有关注过身边的亲人。可能你觉得很委屈，我天天看着呢，怎么没有关注？但是，你又为身边的人做过些什么呢？

早上起床，对身边的亲人道一声“早安”，也许平时没这样做过，也许他们会瞪大了眼睛惊异地看着你，放心，他们的惊异转而会变成喜悦和欣慰。如果有空，为亲人做一次早餐，和亲人一起吃顿愉快而丰盛的早餐。

该吃午饭的时候，给亲人打一个电话，叮嘱他午饭要吃好，然后有机会午休一下；下班了，再打一个电话，叮嘱他下班早点儿回家，路上注意安全，一起回家吃饭。

晚饭后，亲切地询问亲人今天有什么见闻，有什么生活感受，工作是不是很累；如果父母在身边，为他们捶捶背，揉揉肩，当然，这样的服务，爱人也是可以享受的。

当亲人生病时，更要全力地照顾他们。生病的人，往往比

较脆弱，不但身体上，心理上也是如此。如果此时身边有人嘘寒问暖，悉心照顾，那对于病人来说，是最好的精神康复之药。如果你爱对方，关心对方，此时此刻，你就最应该出现在对方的身边。放下你手中的一切活动和工作，不离对方半步，陪他看完医生，照顾他吃完药，按照医生的吩咐，也许他该躺下休息，那么让他静静地休息一会儿。

病人也许有哪里不舒服，问问他，是不是需要你给捶捶或者揉揉。病人也不能老是待在家里，适当地出去呼吸一下新鲜空气，对身体康复有好处。傍晚时分，太阳快要下山的时候，搀扶着病人去外面散散步，比如，某个小湖边、小树林里。当一天过去，问问他今天感觉如何，是不是好了一点呢?

爱的全部就是付出与回报之间的感动，懂得爱的人才会舍得付出，为爱而付出，不在于做多少轰轰烈烈的大事，而在于生活中的点点滴滴。

铭记父母那片心，无愧于父母那片情

作为父母，爱孩子不同于爱妻子，不同于爱丈夫，也不同于爱双亲，爱兄弟姐妹。这种爱的滋味是从那些爱中尝不到的。它是一种混合体，其中有同情和怜爱，有幸福和美好，有快乐和悲伤，有放心和牵挂，有恐惧和期盼。

有一位诗人说过：“我们的孩子只是行走在天地间的我们的心肝。”也许你熟悉这句话，但即使你读过一千次，也未必能读出父母所读出的感受。是的，孩子是父母的心肝，一旦他们不在，父母就会立即感到空寂失落。

你可能见过父母宁肯将糖果喂孩子而自己不吃，他们认为这样比自己吃更甘甜，正所谓吃在孩子嘴里，甜在父母心上。

父母见幼子在牙牙学语，在说，在笑，顿时一股暖流传遍全身，再甜美的歌喉、再高明的琴师都不能令父母如此陶醉。

当然，有些父母也许有过这样的想法：很爱孩子但又希望他们不曾生下来。父母希望孩子不曾来到这个人世，是因为怕他们经不起尘世七灾八难的折磨，这种希望恰恰是他们对孩子至深的爱。这就是父母之爱，世界上最伟大的爱。对于这种爱的理解，谁可以最清楚、最准确地描述出来？只有孩子长大为人父或为人母后才能真正品味做父母的滋味。以前，一户农家有个顽劣的儿子，读书不成，反把老师的胡子一根根拔下来；种田也不成，一时兴起，又把家里麦田里的麦子弄得七零八落。他每天都跟着狐朋狗友打架惹事。

他的父亲是一位忠厚的庄稼人，忍不住呵斥了他几句。儿子不服，反而破口大骂。父亲不得已，操起菜刀吓唬他。没想到儿子冲过来抢过菜刀，一刀挥去。老汉的右手被砍断，鲜血直流，痛苦地倒在地上呻吟着。而酿成大祸的儿子，竟连看都不看一眼，扬长而去，从此生死不知。

时值乱世，不知怎的，儿子再回来的时候，竟成了将军。盖豪宅，娶美妾，同时，也把父亲安置在后院，却一直冷漠，开口闭口“老狗奴”。儿子自己夜夜笙歌，父亲连想要喝口水，也得自己用残缺的手拎着水桶去井边打水。

邻人都说：“这种逆子，雷怎么不劈了他？”

也许真有报应之说吧。一天夜里，儿子的仇家寻仇而来，直杀入内室。大宅里，那么多的幕僚、护卫都逃之夭夭，眼看儿子就要死在刀下。突然，父亲从后院冲了进来，他用完好的左手死死地握住了刀刃。他的白发，以及他不顾性命的悍猛劲连刺客都惊了。他便趁这一刻的间隙大喊：“儿啊，快跑，快跑！”自此，老汉双手俱废。

三天后，逃亡的儿子回来了。他径直走到三天三夜未合眼的父亲面前，深深地叩了几个头，含泪叫了一声：“爹——”不知道痴痴地、眼睁睁地盼回儿子后，这位父亲要说什么，但我们知道不会改变的必是他那深沉的父爱。

父母为了我们，即使受了再大的委屈，吃了再多的苦，也没有一句怨言，他们的爱是伟大的，所以我们一定要铭记他们的这份恩情，保持一份孝心，才能无愧于父母的那片真情。

爱经不起等待，用心做一件事来孝敬父母

感恩父母，孝敬父母是我们中华民族的传统美德。在人的一生中，对自己恩情最深的莫过于父母，是父母给予了我们生命，是父母辛勤地养育着我们，我们的成长凝结着父母的心血，每一个人都是在父母的悉心关怀、百般爱护和辛苦抚养下慢慢长大的。父母的亲子之爱只能用两个词来形容——无私、伟大。他们可以为子女付出一切，也甘愿付出一切。所以说，父母之爱位于人世间各种各样的爱之上。

我们中华民族历来崇尚受恩不忘、知恩必报，这也是做人的基本道德，也即一个人的良心。一个人如果对给予自己生命和辛勤哺育自己长大的恩重如山的父母都不知报答，不知孝敬，那就丧失了人生来就该有的良心，那是没有道德可言的。试想一下，一个人连生他养他的父母都不爱，怎么能指望他去爱别人呢？可见，人世间一切的爱都需要从爱父母开始。

用心做一件事来孝敬父母，是每一个人必须做的一件事，也是很容易做到的一件事。

比如，尊重父母的教导。父母所积累的人生经验是极其宝贵的，往往是我们在课堂上、书本里学不到的，他们对我们这

些经验的传授是不计回报、真心实意的，所以我们应该认真听取，虚心接受，否则就会失却接受良好教育的机会，是可叹可息的。

比如，接受父母的监护。父母是子女的监护人，子女要自觉接受父母的监护。例如离家时要告诉父母，到家时要先见过父母，告诉父母已经回家，使父母放心，平时要定期向父母汇报学习、生活情况，并时时问候父母亲，以免父母牵挂。

比如，努力进取，认真学习或者工作，不再抱怨生活，不辜负父母的期望。父母对子女最大的期望，先是成人，再是成才，最终有所成就。哪个父母不望子成龙、望女成凤呢？作为有孝心的子女要学会学习，学会工作，学会生活，学会处世，学会做人，不负父母的愿望，实现父母的期望，这是最重要的孝行。

孝敬父母是做人的根本，不止是在心里想着口里念着，更重要的是要付诸行动，不要以忙碌为借口，闲下来的时候陪在父母身边也是难得的。

其实只要想想还有什么是我们能够做到的，坐在父母身旁，给他们捶捶背，然后像哄小孩一样教他们改掉一些多年的有害健康的坏习惯，叮嘱他们多吃点儿有营养的食品，少操心，多参加一些有意义的老年集体活动之类的。

天下最不能等待的事情莫过于孝敬父母。步入老龄化的父母，在生活上、精神上越来越需要子女孝敬，而且这种孝敬主要在亲情上，而非用金钱或雇个保姆来替代。随着年龄的增长，子女孝敬父母的机会逐渐减少。商机错过还会再来，而失去父母健在的孝敬机会，那就时不再来，会遗憾终身。

时常陪孩子学习和玩耍，跟孩子一起成长

教书育人是人生一大乐事，即使不是以此为职业，也可以找机会教人育人，把你拥有的知识教给不懂的人，就是快乐。

小孩子学东西总是很快的，因为小孩子思想单纯，脑子比较灵活，求知欲又强，所以学起东西比大人要快。这个时候，教孩子一些有用的知识，会成为他们一生的财富。小孩子最喜欢识字，教孩子学几个字，对你来说应该不是什么难事。教之前，考考孩子的识字能力，看看都认识了些什么字，根据他目前的水平确定教他什么字。其实教孩子一些生活中常见事物的字，最能引起孩子的求知欲。比如孩子喜欢小狗，那就可以教他“狗”字，诸如此类，问问他自己想学什么字，看看孩子学会后开心的样子，你是不是也觉得由衷的高兴?

准备一些小奖品，作为对孩子学会某个字的奖励，这对孩子是最大的鼓励，会激起他继续学习的兴趣。除了奖品，不要忘了赞美他，用甜美的语言来夸他是个聪明的好孩子，将来一定能做个科学家之类的。

除了陪孩子学习，跟孩子一起玩耍也是令人高兴的一件事。和小孩子一起玩耍，会让你找到儿时的影子，仿佛自己也回到了童年，把自己当作孩子，和他们一起嬉戏打闹，放下你大人的面子和威严，完全融入他们的氛围。

时常给自己一个放松的空间，把自己也当作没有长大的孩子，当作孩子的玩伴，按照他们的游戏规则，尽情玩耍。如果有可能，你甚至可以和一群孩子玩，把自己当作孩子王，带领他们走进可爱的游戏王国。

如果外面阳光明媚，带领他们到阳光下的草坪上，玩“老鹰捉小鸡”“过家家”，和他们一起在草地上打滚，和他们一起大声笑，大声闹。如果小孩子让你扮可爱的小动物，不要因为觉得不好意思而拒绝，放开自己，做个让小孩子满意的“小动物”，在小孩子笑颜展开的瞬间，阳光照耀的空气里，弥漫的都是天真烂漫的快乐与幸福。

第七章

工作的仪式感，就是对人生的敬畏感和秩序感

shenghuo
xuyao
yishigan

把工作当作一种神圣的使命

什么是仪式感？仪式感是一种促使人们积极采取行动，实现自我信仰和人生目标的心理状态。仪式感是一种激发人们全力以赴投身事业的心理能量。它是一个人获得事业成功必不可少的内在支持。具有强烈工作仪式感的人，他们都会主动要求自己努力工作，而不以薪水为目标。他们也不会畏惧自己工作上的坎坷，而是始终沿着目标向前迈进，因此他们也一定能够享受到实现自己的人生目标后上天所赋予的快乐。

引导一个人走向成功的磁石，就是由仪式感而迸发出的真诚、乐观和热情。具备了这三种品质，我们也就得到了全力以赴完成工作的无限力量，视一切的平淡和不快为草芥，由此踏上我们的成功大道。

不管什么工作，都是我们的使命和荣耀。其实所有的工作我们都能够使它充满乐趣。即使我们做一名瓦工，也会从砖块和水泥中发现诗意；即使我们做一名清洁工，也会从扫净的道路上得到欣慰。

如今在社会的各行各业，都需要那些具备强烈仪式感的人，因为他们工作积极主动，肯负责任，有主见，不畏艰难。也正因为如此，有仪式感的人才是这个社会进步的推动者。

那些具有强烈工作仪式感的牧师们，无论是非洲的原始森林，还是南美洲的高山峻岭，他们都敢只身前往。他们在几乎与世隔绝的穷乡僻壤、茹毛饮血的土著部落、卫生条件极其恶劣的瘟疫流行地区传教，过着极其艰苦的生活，甚至老死在那里。他们别无所图，完全是为了自己的神圣使命。

比利时有一出著名的基督受难舞台剧，演员辛齐格几年如一日在剧中扮演受难的耶稣，他高超的演技与忘我的境界常常让观众不觉得是在看演出，而像真的看到了台上再生的耶稣。

一天，一对远道而来的夫妇在演出结束之后来到后台，他们想见见扮演耶稣的演员辛齐格，并合影留念。合完影后，丈夫一回头看见了靠在旁边的巨大的木头十字架，这正是辛齐格在舞台上背负的那个道具。丈夫一时兴起，对一旁的妻子说："你帮我照一张我背负十字架的照片吧！"于是，他走过去，想把十字架拿起来放到自己背上去，但他用尽了全力，十字架仍纹丝未动。这时他才发现那个十字架根本不是道具，而是一个真正由橡木做成的沉重的十字架。在使尽了全力之后，那位先生不得不气喘吁吁地放弃了。

他站起身，一边抹去额头的汗水，一边对辛齐格说："道具不是假的吗？你为什么每天都要扛着这么重的东西演出呢？"

辛齐格说："如果感觉不到十字架的重量，我就演不好这个角色。在舞台上扮演耶稣是我的职业，和道具没有关系。”

这个故事给我们以强烈的震撼，我们也可以这样说：职场中没有道具，你需要做的是把工作本身看成一种神圣的使命，然后付出百分之百的努力，全力以赴地投入工作。如果我们每一个人都能将我们的工作当作使命来对待，那么，我们不仅能更好地完成工作，而且还能获得工作以外的东西。因为上帝会把最珍贵的礼物留给有使命感的人。

以敬业的仪式感对待工作，以积极的仪式感对待身边的各种事情，你就可以走向卓越。敬业的人永远都会受到人们的尊重，卓越的人永远都会有人赏识。

工作是件非做不可的乐事，而不是苦役

你要是在生活中找不到快乐，就绝不可能在任何地方找到它。寻找生活中的乐趣，可以将你的心思从忧虑上移开，让你的生活变得更加简单和舒适，甚至可以给你带来意外的惊喜。即使不这样，也可以把疲劳减至最少，并帮你享受自己的闲暇时光。

有位英国记者到南美的一个部落采访。这天是个集市日，当地土著人都拿着自己的物产到集市上交易。这位英国记者看见一个老太太在卖柠檬，5 美分一个。

老太太的生意显然并不好，一上午也没卖出去几个。这位记者动了恻隐之心，打算把老太太的柠檬全部买下来，以便使她能“高高兴兴地早些回家”。

当他把自己的想法告诉老太太的时候，她的话却使记者大吃一惊：“都卖给你？那我下午卖什么？”

人生最大的价值，就是体会生活的乐趣。爱迪生说：“在我的一生中，从未感觉是在工作，一切都是对我的安慰……”然而，在职场中，像卖柠檬的老太太那样，对自己所从事的事业充满热情的人并不是太多，他们看不到生活的乐趣，只看到了生活中痛苦的一面。早上一醒来，头脑里想的第一件事就是：痛苦的一天又开始了……磨磨蹭蹭地挪到公司以后，无精打采地开始一天的工作，好不容易熬到下班，立刻又高兴起来，和朋友花天酒地之时总不忘诉说自己的工作有多乏味，有多无聊。如此周而复始，心情又怎会好起来呢？

工作是一个人幸福和快乐的源泉。卡尔文·库基说过：“真正的快乐不是无忧无虑，不只是享受。这样的快乐是短暂的。缺少一份充满魅力的工作，你就无法领略到真正的快乐和幸福。”然而，现实中能领略到工作中的幸福和快乐的人却寥寥无几。

工作是一个人价值的体现，应该是一种幸福的差事，我们有什么理由把它当作苦役呢？有些人抱怨工作本身太枯燥，然而，问题往往不是出在工作上，而是出在我们自己身上。如果你能够积极地对待自己的工作，并努力从工作中发掘出自身的价值，你就会像上文中的老太太一样，发现工作是一件非做不可的乐事，而不是一种惹人烦恼的苦役。

有本叫作《栽种希望，培育幸福的人》的书，书中有个法国人，他独自生活在法国东南部一块荒凉的土地上。他的生活很简单：每天都出去种树。

一年又一年，他不辞辛劳，就这样一粒粒地播种、栽树。

树开始长成森林，保存住了土壤里的水分，于是其他的植物也能够生长了，鸟儿们可以在这里筑巢了，小溪可以流淌了，这里又成了适合人类居住的绿洲。

临终前，他用自己的辛勤劳作，完全改变和恢复了他生活的地区的自然环境。原来逃离那里的人，又重新搬了回来，幸福地生活在这片土地上。

这是一个关于工作的意义和快乐的故事：每天努力工作，为自己也为他人栽种希望，培育幸福。我们从事的工作可能简单而普通，但可以为我们带来无尽的快乐和价值感。

曾经在美国费城的大楼上立起第一根避雷针、有着“第二个普罗米修斯”之称的富兰克林，说过这样一句话：“我读书多，骑马少，做别人的事多，做自己的事少。最终的时刻终将来临，到那时我但愿听到这样的话‘他活着对大家有益’，而不是‘他死时很富有’。”

活着对大家有益，这就是工作赋予我们的意义——为我们指明方向，指引我们排除生活中的种种引诱和干扰，朝着恒定的目标前进。如果我们能够明确感受到自己的工作对于他人的价值，我们就会从中发现无穷的乐趣。如果我们能够用一个良好的心境去寻找工作的意义和乐趣，那么烦恼和疲劳将会被充满激情和高效的工作所代替。

有一个叫迈克的年轻人，他在麦当劳的工作是煎汉堡。他每天都很快乐地工作，尤其在煎汉堡的时候，他更是专心致志，许多顾客对他为何如此开心感到不可思议，十分好奇，纷纷问他："煎汉堡的工作环境不好，又是件单调乏味的事，为什么你可以如此愉快地工作并充满热情呢？"

迈克自豪地回答道："在我每次煎汉堡时，我便会想到，如果点这汉堡的人可以吃到一个精心制作的汉堡，他就会很高兴，所以我要好好地煎汉堡，使吃汉堡的人能感受到我带给他们的快乐。看到顾客吃了之后十分满足，并且神情愉快地离开时，我便感到十分高兴，心中仿佛觉得又完成了一项重大的工作。因此，我把煎好汉堡当作是我每天工作的一项使命，要尽全力去做好它。"

顾客听了他的回答之后，对他能用这样的工作态度来煎汉堡，都感到非常钦佩。他们回去之后，就把这件事告诉周围的同事、朋友或亲人，一传十、十传百，很多人都喜欢来到这家麦当劳店吃他煎的汉堡，同时看看"快乐煎汉堡的人"。

顾客纷纷把他们看到的迈克认真、热情的表现，反映给公司。公司主管在收到许多顾客的反映后，去了解情况。公司有感于迈克这种热情积极的工作态度，认为值得奖励并给予栽培。没几年，他便升为分区经理了。

迈克把每做好一个汉堡并让顾客吃得开心，当作是自己的工作使命。对他而言，这是一项有意义的工作，所以他满怀信心、充满热情地去工作。

让工作成为快乐的源泉

忙碌是一种生活状态，但不应该成为心灵的常态。若只能从忙碌中体会到烦恼与纷扰，便很难体验到游刃有余、自由洒脱的心境。

在忙碌的世俗生活中，保持一种平常心，将忙碌的劳累与不快沉淀到心底，并用岁月将其风干成一种曾经奋斗的记忆，才是在工作中获得快乐的方法。

古时候，一位官员每天忙忙碌碌，不得清闲，时间久了，他心中生了很多烦恼，对工作也倦怠起来。苦恼无处排解，他便来到一位禅师的法堂。

禅师静静地听完了此人的倾诉，将他带入自己的禅房之中，禅房的桌上放着一瓶水。

禅师微笑着说："你看这只花瓶，它已经放置在这里许久了。

虽然它每天都被放在同一个位置，但是瓶中的鲜花每天都在更换，它必须以同样的状态将水分与养料供给，这是一种不动声色的静态忙碌。在这里，几乎每天都有尘埃灰烬落在花瓶里面，但它依然澄清透明。你知道这是何故吗？”

此人思索良久，仿佛要将花瓶看穿，忽然他似有所悟：“我懂了，所有的灰尘都沉淀到瓶底了。”

禅师点点头：“世间烦恼之事数之不尽，有些烦恼越想排解越挥之不去，那就索性淡然处之。就像瓶中的水，如果你厌恶地摇它，会使一瓶水都不得安宁，浑浊一片；如果你愿意慢慢地、静静地让它们沉淀下来，用宽广的胸怀去容纳它们，这样，心灵并未因此受到污染，反而更加纯净了。”

官员恍然大悟。

保持瓶中水的静止，也是保持自己内心的安定。保持一颗平常心，和其光，同其尘，愈深邃愈安静。

职场中的人，应该养成一种如水的心态，容纳万物，也容纳自我的烦恼。水至柔而有骨，执着能穿石，以“天下之至柔，驰骋天下之至坚”；齐心合力，激浊扬清，义无反顾；灵活处世，不拘泥于形式，因时而变，因势而变，因器而变，因机而动，生机无限；清澈透明，洁身自好，纤尘不染；一视同仁，不平则鸣；润泽万物，有容乃大，通达而广济天下，奉献而不图回报。

人生在世，若能将水的特性发挥得淋漓尽致，可谓完人，正是“上善若水，厚德载物”，才能在忙碌的工作中获得欢喜，否则，便会因为忙碌而失去发掘幸福的心情。

有个后生从家里到一座禅院去，在路上遇到了一件有趣的事，他想以此去考考禅院里的老禅者。

来到禅院后，后生与老禅者一边品茶，一边闲谈，冷不防问了一句:“何为团团转?”

“皆因绳未断。”老禅者随口答道。

后生听到老禅者这样回答，顿时目瞪口呆。老禅者见状，问:“什么使你这样惊讶啊?”

“不，老师父，我惊讶的是，你怎么知道的呢?”后生说，“我今天在来的路上，看到一头牛被绳子穿了鼻子，拴在树上，这头牛想离开这棵树，到草地上去吃草，谁知它转过来转过去都不得脱身。我以为师父没看见，肯定答不出来，哪知师父一下就答对了。”

老禅者微笑着说:“你问的是事，我答的是理，你问的是牛被绳缚而不得解脱，我答的是心被俗务纠缠而不得超脱，一理通百事啊!”

想想我们自己，其实也是被一根无形的绳子牵着，像老牛一样围着树干团团转，总解脱不了。我们的处境又比老牛好到哪儿去呢?

为了钱，我们东西南北团团转；为了权，我们上下左右转团团；为了欲，我们上上下下奔窜；为了名，我们日日夜夜窜奔。名是绳，利是绳，欲是绳，尘世的诱惑与牵挂都是绳。人生三千烦恼丝，斩断才能自在啊！

对活在忙碌紧张、名利缠绕的现代社会的我们而言，肩上的重担，心中的压力，将我们缠绕其中，密不透风，使我们与快乐背道而驰，越走越远。

在忙碌的工作中，放下心中的烦恼，放下心中的欲望，便会得到一双跨越悬崖，朝着晴朗的快乐天空自由飞翔的翅膀！

心中有钟，才能撞出天籁

现代人生活很忙碌，理应倍感充实，但事实证明，职场中的人往往感觉不到生活的重心在哪里，内心常常觉得空虚无聊，忙碌的工作、多样化的娱乐方式便都成了暂时的麻醉剂，麻醉时间一过，空虚感又会袭来。

所以，我们应该干一行爱一行，做一样像一样，认真对待，享受工作，享受生活。

从前一座山，山上有座庙，庙里有一个老和尚和一群小和尚。

其中的一个小和尚在寺院中担任撞钟之职。按照寺院的规定，早上和黄昏各要撞一次钟，小和尚将撞钟的时间牢牢地记在了心中，无论阴天下雨，还是狂风冷雪，他都坚持着自己的工作，钟声从未间断。但年复一年，小和尚终于厌倦了，他觉得每天撞两次钟实在是再简单不过的工作，周而复始、千篇一律实在太无聊了，心也就渐渐麻木起来，每次撞钟时，或者天马行空地任思想游离在外，或者什么也不想，就如机器一般。

一天，小和尚撞钟时，寺院的住持从旁边经过，他看到小和尚漫不经心的表情，便将他叫到了身边，语重心长地对他说："看来，你已经不能胜任撞钟这个工作了，你还是去后院砍柴挑水吧！"

小和尚既不解又委屈："师父，撞钟还需要什么特别的能力吗？难道我撞得钟声不够响亮？还是曾经耽误过时间？"

住持说："你很准时，撞得钟声也很响亮。但是你的钟声中有什么特殊之处吗？"

"需要什么特殊的东西呢？"

"你没有理解撞钟的意义。钟声不仅仅是寺里作息的信号，更为重要的是唤醒沉迷众生。因此，钟声不仅要洪亮，还要圆润、浑厚、深沉、悠远。心中无钟，即是无佛；如果不虔诚，怎能担当撞钟之职？扪心自问，你的心中有钟吗？"

小和尚低下了头，脸上露出了惭愧之色。

心中有钟，便心中有佛。撞钟亦是如此，其中蕴涵着更多的深意。小和尚只是将工作当成了工作，而没有用心去体会更深层次的含义，以至于将撞钟当成了一份机械重复、不带任何感情的工作。所以，他这个"撞钟和尚"不够格。

每个人都有自己应尽的本分与职责，工作更是如此。在生活与工作中投入自己的热情，认真对待，才不会在修行之后如竹篮打水，一无所得。

认真是我们对生活、对人生的一种态度，一个懂得事事都认真的人，一定是一个热爱生活且懂得生活的人，他也许会是一个平凡的人，但绝对不会是一个平庸的人，他的生命将因为他的认真而变得丰满而充实。他的人生没有虚度，而且在认真对待每一件事情中赋予了巨大意义。

在精力最旺盛的时候做重要的事

如果有人给你几千块钱，要你从此独立生活，你将怎样使用这些钱？你不会先去买电脑游戏，也不至于先去看“百老汇”舞台秀，而是在解决了衣食住行的问题后，才开始考虑电视和其他娱乐的支出。

同样的道理，在你有了时间的情况下，你不能先拿去打电脑游戏和看电影，也不可以先去整理相册、看小说和胡思乱想，而应该先安排出自己睡眠、工作和学习的时间，因为没有充足的睡眠，你的身体状况不可能好。

生活或者工作中最重要的是懂得什么事情是最重要、最需要解决的，比如，学习、锻炼、睡觉、完成任务等。最重要的要放到前面，要知道对于最重要的事来说，早做不如晚做，晚做的成本会越来越高；心力交瘁的时候做，不如精力旺盛的时候做，身心憔悴的时候做会感到力不从心，效率也会很低，所以最重要的事要在精力最旺盛的时候最先把它完成。

伯利恒钢铁公司总裁理查斯·舒瓦普，为自己和公司的低效率而忧虑，于是去找效率专家艾维·李寻求帮助，希望李能卖给他一套思维方法，告诉他如何在短时间里完成更多的工作。

艾维·李说："好！我 10 分钟就可以教你一套至少提高效率 50%的最佳方法。"

"把你明天必须要做的最重要的工作记下来，按重要程度编上号码。最重要的排在首位，以此类推。早上一上班，马上从第一项工作做起，一直做到完成为止。然后用同样的方法对待第二项工作、第三项工作……直到你下班为止。即使你花了一整天的时间才完成了第一项工作也没关系。只要它是最重要的工作，就坚持做下去。每一天都要这样做。在你对这种方法的价值深信不疑之后，叫你公司的人也这样做。

"这套方法你愿意试多久就试多久，然后给我寄张支票，并填上你认为合适的数字。"

舒瓦普认为这个思维方式很有用，不久就填了一张 25000 美元的支票给李。舒瓦普后来坚持使用艾维·李教给他的那套方法，5 年后，伯利恒钢铁公司从一个鲜为人知的小钢铁厂一跃成为美国最大的不需要外援的钢铁生产企业。舒瓦普常对朋友说："我和整个团队坚持把最重要的事情先做，我认为这是我的公司多年来最有价值的一笔投资！"

把时间留给最重要的事如此重要，但却常常被我们遗忘。我们必须让这个重要的观念成为一种习惯，每当一项新工作开始时，必须先确定什么是最重要的事，什么是我们应该花最大精力去重点做的事。

然而，分清什么是最重要的事并不是一件易事，我们常犯的一个错误是把紧迫的事情当作最重要的事情。

紧迫只是意味着必须立即处理，比如电话铃响了，尽管你正忙得焦头烂额，也不得不放下手边的工作去接听。紧迫的事通常是显而易见的。它们会给我们造成压力，逼迫我们马上采取行动。但它们往往是令人愉快的、容易完成的、有意思的，却不一定是很重要的。

重要的事情通常是与目标有密切关联的并且会对你的使命、价值观、优先的目标有帮助的事。这里有 5 个标准可以参照。

1. 完成这些任务可使我更接近自己的主要目标（年度目标、月目标、周目标、日目标）。

2. 完成这些任务有助于我为实现组织、部门、工作小组的整体目标做出最大贡献。

3. 我在完成这一任务的同时也可以解决其他许多问题。

4. 完成这些任务能使我获得短期或长期的最大利益，比如得到公司的认可或赢得公司的股票，等等。

5. 这些任务一旦完不成，会产生严重的负面作用：生气、责备、干扰，等等。

根据紧迫性和重要性，我们可以将每天面对的事情分为四类，即重要且紧迫的事、重要但不紧迫的事、紧迫但不重要的事、不紧迫也不重要的事。

只有合理高效地解决了重要而且紧迫的事情，你才有可能获得最大的成效。而重要但不紧迫的事情要求我们具有更多的主动性、积极性、自觉性，早早准备，防患于未然。剩下的两类事或许有一点价值，但对目标的完成没有太大的影响。

你在平时的工作中，把大部分的时间花在哪类事情上？如果你长期把大量时间花在重要而且紧迫的事情上，可以想象你每天的忙乱程度，一个又一个问题会像海浪一样向你冲来。你十分被动地一一解决。长此以往，你早晚有一天会被击倒、压垮，老板再也不敢把重要的任务交付给你。

只有重要而不紧迫的事才是需要花大量时间去做的事。它虽然并不紧急，但决定了我们的工作业绩。只有养成先做最重要的事的习惯，对最具价值的工作投入充分的时间，工作中的重要的事才不会被无限期地拖延。这样，工作对你来说就不会是一场无止境、永远也赢不了的赛跑，而是可以带来丰厚收益的活动。

精神力量与行动效率成正比

人生就像一片玉米地，果实累累，但是玉米地中却生长着各种杂草。我们每个人都在和自己的对手进行着一场有趣的比赛：谁最早穿越玉米地到达神秘的对岸，同时，他手中的玉米又最多。在这场有趣的活动中，速度、效益与安全成为关键所在。

生活中所有事情都像这样一场比赛，若想摘到更多的玉米，唯有不断地自我超越，而超越自我就是对目前该做的事情精益求精，把自己的能力发挥到极致，争取最大化的行动效益。在这个过程中，精神力量往往如催化剂一般，促进行动力的充分发挥。

曾经有 3 个年轻人结伴出行，寻找发财机会，但正因为想法的差异，导致了不同的行动结果。

在一个偏僻的小镇，他们发现了一种又红又大、味道香甜的苹果。由于地处山区，信息、交通等都不发达，这种优质苹果仅在当地销售，售价非常便宜。

第一个年轻人立刻倾其所有，购买了 10 吨最好的苹果，运回家乡，以比原价高两倍的价格出售，这样往返数次，他成了家乡第一个万元户。

第二个年轻人用了一半的钱，购买了 100 棵最好的苹果苗运回家乡，承包了一片山，把果苗栽种，整整3年时间，他精心看护果树，浇水灌溉，没有一分钱的收入。

第三个年轻人找到果园的主人，用手指指着果树下面，说："我想买些泥土。"

主人一愣，接着摇摇头说："不，泥土不能卖。卖了还怎么长果？"

他弯腰在地上捧起满满一把泥土，恳求说："我只要这一把，请你卖给我吧？要多少钱都行！"

主人看着他，笑了："好吧，你给一块钱拿走吧。"

他带着这把泥土，返回家乡，把泥土送到农业科技研究所，化验分析出泥土的各种成分、湿度等。然后，他承包了一片荒山，用整整3年的时间，开垦、培育出与那把泥土一样的土壤。然后，他在上面栽种了苹果树苗。

现在，10年过去了，这3位结伴外出寻求发财机会的年轻人命运迥然不同。第一个购苹果的年轻人现在每年依然还要购买苹果，运回来销售，但是因为当地信息和交通已经很发达，竞争者太多，所以赚的钱越来越少，有时甚至不赚钱或者赔钱；第二个购买树苗的年轻人早已拥有自己的果园，但是因为土壤的不同，长出来的苹果有些逊色，但是仍然可以赚到相当的利润；第三个购买泥土的年轻人，他种植的苹果果大味美，和山区的苹果不相上下，每年秋天引来无数购买者，总能卖到最好的价格。

从这3个年轻人的经历里，我们可以看到，3个人面临着同样的机遇，同样采取了行动，不过想法的差异却使3个人的行动产生了不同的结果。

做多做少并不是衡量成功与否的标尺，行动的效率才是最有意义的标准。每个行动的力量，不是强大就是软弱；而当每个行动都变得强大有力时，你就能让自己变得富有。

所以，在行动之前，请先仔细地思考，因为精神的力量和行动效率成正比。在做每一件事情的时候，无论这件事多么微不足道、多么平淡无奇，都必须以认真严谨的态度对待，每天都要把当天的事情做完，而且以高效率的方式做完。

没有卑微的工作，只有卑微的工作态度

“如果一个人是清洁工，那么他就应该像米开朗基罗绘画、像贝多芬谱曲、像莎士比亚写诗那样，以同样的心情来清扫街道。他的工作如此出色，以至于天空和大地的居民都会对他注目赞美：‘瞧，这儿有一位伟大的清洁工，他的活儿干得真漂亮！’”这里是著名黑人领袖马丁·路德·金说过的话。

无论你贵为君主还是身为平民，都不要看不起自己的工作。

也许某些行业中的某些工作看起来并不高雅，工作环境也不优美，无法得到社会的重视，但是，请不要无视这样一个事实：

有用才是伟大的真正尺度。所有正当合法的工作，都是值得尊敬的。只要你诚实地劳动和创造，没有人能够贬低你的价值，关键在于你如何看待自己的工作。

工作就是付出努力以达到某种目的，最令人满意的工作是那些能充分表现我们才能的工作。人生只有一次，正是为了获得什么或成就自我，为了提高上天赋予的技能，使身心发展得全面、均衡、和谐，我们才专注于一个方向，为之付出毕生心血。

一个人一生的职业，就是他志向的表现、理想所在。了解了一个人的工作态度，在某种程度上就是了解了这个人。

工作是否单调乏味，往往取决于我们做它时的心境。在这个世界上，没有卑微的工作，只有卑微的工作态度。做一名制鞋工人并不是什么不光彩的事，如果制出的鞋都是次品那才是不光彩的。

波士顿一位名叫比利·格雷的商业巨子，在责备一位机械师工作不够认真时，遭到了机械师的反击。这位机械师叫嚷道："我告诉你，比利·格雷，你说的这些话让我无法容忍，我很清楚你的底细。你曾经不过是乐团里一名无名的鼓手罢了。"格雷回答道："你说得不错，我当时确实是一名鼓手，但我击鼓不是击得很好吗？"

人生的目标贯穿于整个生命，你在工作时所持的态度，使你与周围的人区别开来。日出日落、朝朝暮暮，它们使你的思想或者变得更加开阔，或者变得更加狭隘；使你的工作或者变得更加高尚，或者变得更加低俗。

那些看不起自己工作的人，往往是一些被动适应生活的人，他们不愿意奋力崛起，努力创造属于自己的生活，他们实际上是懦夫。

每一件事情对人生都具有十分重要的意义。你是图书管理员吗？你在辛勤劳动、整理书籍的时候，是否感觉到自己已经取得了一些进步？你是学校的老师吗？你是否对按部就班的教学工作感到厌倦？但一见到自己的学生，你就变得非常有耐心，所有的烦恼又都抛到了九霄云外。

很多人只意识到人活着需要尊严，却很少有人意识到，虔敬工作给人以尊严，人也给工作以尊严！没有不重要的工作，只有看不起自己工作的人，只有看不起自己的人。

正是基于这一点，《福布斯》杂志的创始人B.C.福布斯说："做一个一流的卡车司机，比做一个不入流的经理更为光荣，更有满足感。"

杜鲁门当选美国总统以后，有记者到他的家乡采访他的母亲。记者首先称赞道："有哈里这样的儿子，您一定感到十分自豪。"

"是这样。"杜鲁门的母亲赞同道，"不过，我还有一个儿子，也同样令我感到自豪。"

"他是做什么的？"记者好奇地问。

"他正在地里挖土豆！"母亲自豪地说。

在杜鲁门母亲的眼中，当总统的儿子与挖土豆的儿子，同样都值得她自豪。两个儿子只是职位不同，并无高低贵贱之分。

没有一项工作是卑微的、微不足道的，只要做这项工作的人具有高尚的品德。一个不称职的总统，绝对赶不上一个“伟大的挖土豆的人”。

慢，工作与生活间的一个美丽的平衡点

有这样一则寓言：

一只小兔子在路上拼命奔跑，青蛙问它：“小兔子，你为啥跑得那么急？歇歇吧。”“我不能停，我要看看这条道的尽头是啥模样。”小兔子边跑边回答道。

小兔子从来没有停歇过，一心想跑到终点。直到有一天，它猛然撞到了路尽头的一棵大树桩上。“原来路的尽头就是这棵树桩！”小兔子喟叹道。更令它懊丧的是，它发现此时的自己已经老迈：“早知这样，好好享受那沿途的风景，该多美啊……”

你也许觉得这个寓言很可笑，认为这只小兔子真傻，它拼命奔跑的结局就是撞在了一棵大树桩上，其实，你仔细想一想，我们的工作与生活是不是正像小兔子奔跑一样呢？沉浸在快节奏生活中的我们为了赶时间，不得不在拥挤的餐桌旁狼吞虎咽；我们追赶时间却早已迷失了回程的方向；我们买得起大品牌与奢侈

品，却没有时间停下来看身边的风景……我们每天都在跟时间赛跑，脑海里只有“快一点儿，再快一点儿”的概念。

是的，如今速度已经深入人心了。“快”成了大家默认的办事境界，看机器上一件件飞一般传递着的产品，看办公室一族打电话时那种无人能及的语速……休闲的概念已模糊得看不见。大家似乎都变成了在“快咒”控制下的小人物，连腾出点时间来松口气的时间好像都没有了。看得见的、看不见的规则约束着我们；有形的、无形的鞭子驱赶着我们，我们攀比地位、财富、装饰、收获、拥有，似乎自己慢一拍，就会被这个世界抛弃。

“当我们正在为生活疲于奔命的时候，生活已离我们而去。”英国歌手约翰·列侬的话无疑成了现代人快节奏生活的写照。在快节奏的生活里，我们丢了慢节奏，烦恼、不安、苦痛也伴随着快节奏接踵而至，成为心理暗疾，于是，我们的身体和灵魂处于亚健康状态，这时我们才发现自己已变成童话中用灵魂向魔鬼换金币的那个傻孩子。很多人也从这个时候开始意识到，确实需要放慢节奏、放松身心，慢慢享受生活了。

也许你会问，在竞争如此激烈的年代，哪儿有资本慢下来啊？其实不然，“慢生活”并非让你放弃自我、无所事事，它与物质的富有程度也没有多大关系，慢生活中的“慢”更多的是一种健康的心态，一种积极的生活态度。对我们普通人来说，每一天都是当“慢人”的好时候，只要您运用得当，做个有品位、有资本的“慢人”绝不是什么难事，更不是坏事。

“慢”，生活和工作之间的一个美丽的平衡点；慢生活，一种有条不紊、有张有弛的生活节奏。在现代社会的快节奏生活中“慢”下来，以平和的心态面对生活中的各种压力和诱惑，也许你会损失金钱，却丰富了生命。生活好像一盏灯，把脚步放慢一些，灯就被点着了，点亮的灯会照亮生活中原本十分平凡的瞬间。而那些太过实际的人，永远只会被生活所累，却看不见生活中最精彩动人的细节。慢下来，细心欣赏一朵花的盛开，沉醉于一阵微风掠过，细想人生百味，咀嚼生活点滴，何其简约和透彻！

不只为薪水工作，成长比成功更重要

工作是为了生活，但工作又绝不仅仅是为了生活，在满足生活所需之后，工作还应有更高的目标。一个人工作的根本目的不应该是为了薪水，而应该是为了追求更高的个人价值——自我实现。当一个人只把工作当作赚取生活费的途径时，他就限制了自己未来的发展，拒绝了更加美好的生活。

你的工作质量会决定你的生活质量，不仅现在，更重要的是未来。真正聪明的人应该本着对未来生活负责的态度来进行自己的工作，而不是把工作当作与薪水进行等价交换的筹码。

现代社会的市场经济使很多人变得更加现实、更加势利，甚至唯“钱”是图。他们明白竞争的残酷，明白赚钱的不易，于是他们变得更加自私、狭隘。在很多人看来，工作就是赚钱，就是以自己的劳动去换取自己的生活费。这样，自己与公司的关系就像是商家与顾客的关系，公司以钱购买自己的劳动，完全是等值交换。既然如此，他们也就不愿付出更多，完成任务就成了工作的基本准则——能少干10分钟绝不多干5分钟，能少走1米绝不多行半米……他们只想拿到现在的薪水，根本不想是不是有资格拿到更高的薪水，或者能有更轻松、更好的工作。

如果一个人认为自己从工作中获得的只是薪水的话，那他的前景将是一片渺茫，他甚至无法获得更高的薪水。

看重薪水不是错，但一定不要满足于当前的薪水，如果你想获得更高的薪水，就必须登上更高的位置。一般来说，薪水的高低与职位的高低是相对应的。而你要想登上更高的位置，就必须付出更大的努力，具有更长远的眼光、更积极的态度。

史密斯是某公司的一名老员工，他进入该公司已达10年之久，但岗位还是原来的岗位、薪水还是原来的薪水，一样都没有提高。想辞职吧，又担心找不到更好的工作，因为他对当前的工作还是比较满意的，但以这样的薪水继续待下去实在有些不甘心。终于有一天，他忍不住内心的不平，去找老板诉苦。但老板却坦言道：“你虽然已在公司工作了10年，但从你的表现来看，跟一名新手并没有什么差别。因此，你拿这样的薪水应该是比较合理的。”

一个人在同一个公司以同样的薪水工作了10年，这说明他对自己所获得的薪水是比较满意的。而他之所以不愿放弃现在的工作跳槽到其他公司的高薪岗位，是因为他的能力并不能获得更高的评价与认可。这就是只为薪水而工作的结果，不但荒废了自己的青春，还毁灭了自己的前程。

不要担心自己的努力会白费，其实老板的眼睛是雪亮的，大多数老板都是非常聪明的。他们知道自己需要的是那些勤奋敬业、踏实负责的员工，因此他们会想办法把这些人留住。即使你的努力暂时没有被上司发现，这也是在为自己的未来投资，因为在工作中所积累的经验和能力的提升才是最具价值的资本。

当俾斯麦还在德国驻俄国使馆工作的时候，他的薪水非常低，工作条件也比较艰苦，但他依然非常积极地工作。他在那里学会了很多外交技巧，提高了自己的判断和决策能力，具备了优秀的外交才干，这为他以后拓展德国的疆土，有效地进行国内改革奠定了坚实的基础。俾斯麦没有因为薪水低而有所懈怠，而是把这当作是锻炼自己的一种机会。最后，他不仅出色地完成了一名外交官的使命，还为自己国家的强大做出了杰出的贡献。

如果一个人只把注意力集中在到底能拿到多少薪水上的话，他怎么可能看到薪水背后更多的机会呢？这种人将自己装进了工资卡里，却不知除了薪水之外，还有很多值得追求的东西，自己应该有更好的发展，自己的人生应该更加精彩。

除了薪水，工作还能带给你更多机会。首先，你有机会锻炼自己的能力，发挥自身的优势，发掘自身的潜能，提高自身的价值。其次，你有机会从你的上司和同事身上学到他们的成功经验，总结他们的失败教训，学习他们的优秀品质和技能。再者，工作为你提供了展示自己的一个舞台，使别人有机会认识你的才能，这在无形中为你提供了更多的发展机会。

工作是一个学以致用的过程，是比学校更重要的学习机会。在以前，年轻人要想学习一门手艺通常要拜师学艺，往往劳动多年都得不到一分钱的报酬，但他们从不抱怨，并且还为自己能有这样的学习和锻炼机会而感到庆幸。可现在的很多人，在学习锻炼的同时拿着薪水却还满腹牢骚、抱怨不已。

能力比金钱重要得多，它不会遗失也不会被偷，它可以帮你创造出无限的价值。但没有人一开始就具有非凡的能力，没有人一开始就能出色地完成任务，也没有人一开始就能拿到很高的薪水。你必须在工作的过程中去学习并提高自己的能力，当你的工作能力得到明显的提高之后，它就能帮你拿到更高的薪水。

只要你有正确积极的态度，只要你愿意为自己的工作而努力，就会有更高的薪水和职位在等你。任何老板都无法阻止你为自己的将来所做的努力，也无法剥夺你因此而获得的回报。

对待薪水的态度往往是一个人工作成功或失败的决定性因素。

薪水是重要的，但不是最重要的，它只是我们工作的回报之一，而不是全部。